# Ganchillo
## para bebés

Editora: Eva Domingo

Título original: *Crochet in a Day for Baby,* de Candi Jensen
Publicado por primera vez en inglés en EE.UU. en 2012 por Leisure Arts, Inc.


© 2012 *by* Leisure Arts, Inc.
© 2014 de la versión española
   *by* Editorial El Drac, S.L.
   Marqués de Urquijo, 34. 28008 Madrid
   Tel.: 91 559 98 32. Fax: 91 541 02 35
   E-mail: info@editorialeldrac.com
   www.editorialeldrac.com


Fotografía: Silvana Di Franco
Diseño de cubierta: José María Alcoceba
Traducción: Ana María Aznar
Revisión técnica: Esperanza González


ISBN: 978-84-9874-393-7
Depósito legal: M-4.339-2014
Impreso en Artes Gráficas COFÁS
Impreso en España – *Printed in Spain*

# Ganchillo para bebés

## Candi Jensen

# Índice

# Introducción

66 La frase "ganchillo fácil y rápido" siempre me ha parecido un poco ilusoria. Aunque se pueda etiquetar así una labor, yo suelo tardar más horas de las previstas en el proyecto. En este libro he querido ofrecer unos modelos básicos que de verdad se puedan hacer en un día, acompañados de "un algo más" que lo básico para las ocasiones en que se disponga de más tiempo.

La idea de este libro se me ocurrió con motivo de una fiesta de presentación de bebé (baby shower). Quería tejer a ganchillo algo especial, pero no empecé hasta última hora. Las labores de este libro se pueden empezar por la noche y al día siguiente se tendrá un impresionante regalo hecho a mano. No hay por qué reconocer que es una labor de última hora. Los proyectos más pequeños, como los pañitos de baño o los patucos, son un buen complemento para un regalo comprado.

Te animo a que cambies los colores de los modelos. Por ejemplo, en el caso del pulóver de rayas, puedes hacer cada una de un color. O añadir flores al cárdigan. Diviértete con los proyectos y dales tu toque personal.

Sobre todo quiero que disfrutes haciendo estas labores para los más pequeños. Cada bebé es especial y merece unas labores hechas con cariño. 99

—Candi Jensen

# Pulóveres

" El pulóver o jersey es una prenda básica en el ajuar del bebé. Resulta perfecto para la hora de jugar o salir y será su preferido día tras día.

Los jerseys de esta sección se tejen con un hilo grueso y así la prenda se termina rápidamente. Una abertura en el escote lo agranda para no tener que forcejear al pasarlo por la cabeza del bebé. ¡Todos sabemos lo poco que eso le gusta!

El pulóver blanco con verde lleva manga raglán, que da al bebé más espacio para mover los brazos. Lo he tejido en dos colores, pero se puede hacer fácilmente de un solo color.

El pulóver blanco y gris tiene un borde de rayas más ancho en las mangas y en la parte inferior del cuerpo para aportar mayor interés a la prenda. Se teje con un motivo muy fácil de seguir.

Por último, el pulóver con flores ofrece una pequeña variación con respecto a los anteriores, pues añade unas flores fáciles de tejer. Estas flores se pueden hacer de dos colores, como en el modelo, o con todos los colores que se desee para crear un jardín lleno de colorido. La idea es divertirse tejiendo e imprimiendo un sello personal al jersey. "

# Pulóver blanco con verde

Fácil ✳ ✳ ✧ ✧

**Tallas:**

6 (12, 18, 24) meses

Las instrucciones corresponden a la talla de 6 meses. Los cambios para 12, 18 y 24 meses se indican entre paréntesis.

**Medidas finales:**

Contorno de pecho: 51 (57, 61, 67,5) cm

Largo: 29 (31,5, 34, 37) cm

**Materiales:**

* Hilo de grosor mediano (**4**), 100 g (160 m aprox.)
* Color A: 2 (2, 2, 3) ovillos marfil, 210 (265, 300, 355) m aprox.
* Color B: 1 ovillo verde claro, 45 (55, 65, 75) m aprox.
* 2 botones, de 16 mm Ø
* Marcadores de puntos
* Aguja con ojo grande

**Ganchillo:**

Del n.º I-9 USA/5,5 mm o del tamaño adecuado para la muestra del cuerpo

**Muestra de orientación:**

12 p. y 10 v. = 10 cm a punto medio.

**Notas:**

El cuerpo se teje en redondo, con vueltas seguidas desde el borde inferior hasta las sisas. Las mangas se tejen en redondo, con vueltas seguidas desde el puño hasta la sisa. Luego, el cuerpo y las mangas se unen formando el canesú. El canesú se teje ida y vuelta, dejando una abertura en un hombro, entre la manga y el delantero.

Para cambiar de color, tejer el último punto con el color antiguo hasta echar la última hebra; echar la hebra con el nuevo color y sacarla por todas las presillas del ganchillo para completar el punto. Rematar el color antiguo.

## Cuerpo

Con B, 60 (68, 72, 80) cad. flojas. Procurando no retorcer la cad., unir con p.r. a la primera cad. para formar un anillo.

**1.ª v.:** 1 cad., p.b. en cada cad. hasta el final; cambiar a A en el últ. p.; unir con p.r. al primer p.b., 1 cad., girar = 60 (68, 72, 80) p.

**2.ª v.:** con A, p.b. en cada p.b. hasta el final; cambiar a B en el últ. p.; unir con p.r. al primer p.b., 1 cad., girar.

**3.ª v.:** con B, p.b. en cada p.b. hasta el final; cambiar a A en el últ. p.; unir con p.r. al primer p.b., 1 cad., girar.

**4.ª y 5.ª v.:** repetir las v. 2.ª y 3.ª.

Rematar B, seguir solo con A.

**6.ª v.:** con A, p.m. en cada p. hasta el final; unir con p.r. al primer p.m., 1 cad., girar.

Repetir la 6.ª v. hasta que la pieza mida 19 (20,5, 21,5, 23) cm desde el ppio. Rematar.

## Mangas (hacer 2)

Con B, 18 (20, 22, 24) cad. flojas. Procurando no retorcer la cad., unir con p.r. a la primera cad. para formar un anillo.

**1.ª v.:** 1 cad., p.b. en cada cad. hasta el final; cambiar a A en el últ. p.; unir con p.r. al primer p.b., 1 cad., girar = 18 (20, 22, 24) p.

**2.ª v.:** con A, p.b. en cada p.b. hasta el final; cambiar a B en el últ. p.; unir con p.r. al primer p.b., 1 cad., girar.

**3.ª v.:** con B, p.b. en cada p.b. hasta el final; cambiar a A en el últ. p.; unir con p.r. al primer p.b., 1 cad., girar.

**4.ª y 5.ª v.:** rep. las v. 2.ª y 3.ª.

Rematar B, seguir solo con A.

**6.ª v. (de aum.):** 2 p.m. en el primer p., p.m. en cada p. hasta el final; unir con p.r. al primer p., 1 cad., girar = 19 (21, 23, 25) p.

**7.ª a 9.ª v.:** p.m. en cada p. hasta el final, unir con p.r. al primer p., 1 cad., girar.

**10.ª a 17.ª v.:** repetir 2 veces las v. 6.ª a 9.ª = 21 (23, 25, 27) p.

**18.ª v. (de aum.):** rep. la 6.ª v. = 22 (24, 26, 28) p.

Rep. la 7.ª v. hasta que la pieza mida 16,5 (18, 19, 20,5) cm desde el ppio. Rematar. Hacer la segunda manga.

## Canesú

**V. de unión (der.lab.):** por el der.lab., saltar los 2 primeros p. de la últ. v. del cuerpo, unir A con p.m. en el p. sig., p.m. en los 25 (29, 31, 35) p. sig., poner marc. en el últ. p. tejido, saltar los 2 primeros p. de la últ. v. de una manga, p.m. en los 18 (20, 22, 24) p., poner marc. en el últ. p. tejido, saltar los 4 p. sig. del cuerpo, p.m. en los 26 (30, 32, 36) p. sig., poner marc. en el últ. p. tejido, saltar los 2 primeros p. de la últ. v. de la 2.ª manga, p.m. en los últ. 18 (20, 22, 24) p., no unir. 1 cad., girar = 88 (100, 108, 120) p.

**V. sig.:** p.m. en cada p. hasta el final, 1 cad., girar.

**V. de mg.:** 2 p.m.j., [p.m. en cada p. hasta 2 p. antes del sig. marc., (2 p.m.j.) 2 veces, desplazando el marc. al primero de los 2 p.m.j. que se acaban de hacer] 3 veces, p. en cada p. hasta los 2 últ. p., 2 p.m.j., 1 cad., girar = 80 (92, 200, 112) p. Rep. la v. de mg. otras 4 (5, 6, 7) veces = 48 (52, 52, 56) p. Rematar.

## Acabado

### Borde del escote y tirillas de abrochar

Por el der.lab., poner 2 marc. en el borde delantero de la abertura. Poner un marc. a unos 5 mm después del comienzo de la abertura y un marc. arriba de la abertura, justo antes del comienzo del escote. Unir B con p.b. en el borde donde empieza la abertura del hombro, hacer p.b. a espacios regulares por todo el borde, alrededor del escote, bajando por el otro borde de la abertura del hombro y haciendo las presillas en los marc. tal como se indica: 6 cad., p.r. en el últ. p.b. tejido. Rematar. Coser los botones enfrentados con las presillas. Entretejer los cabos.

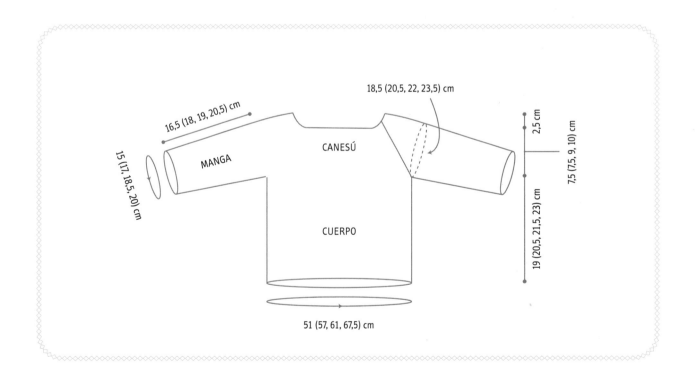

18,5 (20,5, 22, 23,5) cm

16,5 (18, 19, 20,5) cm

2,5 cm

7,5 (7,5, 9, 10) cm

15 (17, 18,5, 20) cm

MANGA

CANESÚ

19 (20,5, 21,5, 23) cm

CUERPO

51 (57, 61, 67,5) cm

# Pulóver blanco y gris

**Fácil** ✸ ✸ ✸ ✸

**Tallas:**

6 (12, 18, 24) meses

Las instrucciones corresponden a la talla de 6 meses. Los cambios para 12, 18 y 24 meses se indican entre paréntesis.

**Medidas finales:**

Contorno de pecho: 51 (57, 61, 67,5) cm

Largo: 28 (30,5, 33, 35,5) cm

**Materiales:**

* Hilo de grosor mediano (**4**), 85 g (180 m aprox.)
* Color A: 1 ovillo gris, 100 (125, 140, 170) m aprox.
* Color B: 1 (2, 2, 2) ovillos marfil, 150 (180, 215, 250) m aprox.
* 2 botones, de 16 mm Ø
* Marcadores de puntos
* Aguja con ojo grande

**Ganchillo:**

Del n.º I-9 USA/5,5 mm o del tamaño adecuado para la muestra

**Muestra de orientación:**

12 p. y 11 v. = 10 cm con el motivo.

**Notas:**

Para tejer siguiendo el motivo, hacer un p.b. en cada p.a. y un p.a. en cada p.b. de la v. anterior.

El cuerpo se teje en redondo, con vueltas seguidas desde el borde inferior hasta las sisas. Las mangas se tejen en redondo, con vueltas seguidas desde el puño hasta la sisa. Luego, el cuerpo y las mangas se unen formando el canesú. El canesú se teje ida y vuelta, dejando una abertura en un hombro, entre la manga y el delantero.

Para cambiar de color, tejer el último punto con el color antiguo hasta echar la última hebra; echar la hebra con el nuevo color y sacarla por todas las presillas del ganchillo para completar el punto. Rematar el color antiguo.

## Cuerpo

Con A, 60 (68, 72, 80) cad. flojas. Procurando no retorcer la cad., unir con p.r. a la primera cad. para formar un anillo.

**1.ª v.:** 1 cad., p.b. en cada cad. hasta el final; unir con p.r. al primer p.b., 1 cad., girar = 60 (68, 72, 80) p.

**2.ª v.:** *p.b. en el p. sig., p.a. en el p. sig.; rep. desde * hasta el final; unir con p.r. al primer p.b., 1 cad., girar.

**3.ª v.:** rep. la 2.ª v.; cambiar a B en el últ. p.

**4.ª y 5.ª v.:** con B, rep. la 2.ª v.; cambiar a A en el últ. p.de la 5.ª v.

**6.ª a 15.ª v.:** rep. las v. 2.ª a 5.ª otras 2 veces, luego rep. una vez más las v. 2.ª y 3.ª.

Rematar A, seguir solo con B.

Rep. la 2.ª v. hasta que la pieza mida 19 (20,5, 21,5, 23) cm desde el ppio. Rematar.

## Mangas (hacer 2)

Con A, 18 (20, 22, 24) cad. flojas. Procurando no retorcer la cad., unir con p.r. a la primera cad. para formar un anillo.

**1.ª v.:** 1 cad., p.b. en cada cad. hasta el final; unir con p.r. al primer p.b., 1 cad., girar = 18 (20, 22, 24) p.

**2.ª v.:** *p.b. en el p. sig., p.a. en el p. sig.; rep. desde * hasta el final; unir con p.r. al primer p.b., 1 cad., girar.

**3.ª v.:** rep. la 2.ª v.; cambiar a B en el últ. p.

**4.ª y 5.ª v.:** con B, rep. la 2.ª v.; cambiar a A en el últ. p. de la 5.ª v.

**6.ª v. (de aum.):** con A, (p.a., p.b.) en el primer p., p.a. en el p. sig., *p.b. en el p. sig., p.a. en el p. sig.; rep. desde * hasta el final; unir con p.r. al primer p., 1 cad., girar = 19 (21, 23, 25) p.

**7.ª v.:** p.b. en el p. sig., *p.a. en el p. sig., p.b. en el p. sig.; rep. desde * hasta el final; cambiar a B en el últ. p.; unir con p.r. al primer p., 1 cad., girar.

**8.ª v.:** con B, p.a. en el p. sig., *p.b. en el p. sig., p.a. en el p. sig.; rep. desde * hasta el final; unir con p.r. al primer p., 1 cad., girar.

**9.ª v.:** con B, rep. la 7.ª v.; cambiar a A en el últ. p.

**10.ª v. (de aum.):** con A, (p.b., p.a.) en el primer p., *p.b. en el p. sig., p.a. en el p. sig.; rep. desde * hasta el final; unir con p.r. al primer p., 1 cad., girar = 20 (22, 24, 26) p.

**11.ª a 15.ª v.:** rep. las v. 3.ª a 7.ª = 21 (23, 25, 27) p. Rematar A, seguir solo con B.

**16.ª a 18.ª v.:** rep. las v. 8.ª a 10.ª = 22 (24, 26, 28) p. Rep. la 2.ª v. hasta que la pieza mida 16,5 (18, 19, 20,5) cm desde el ppio. Rematar. Hacer la 2.ª manga.

## Canesú

**V. de unión (der.lab.):** por el der.lab., saltar los 2 primeros p. de la últ. v. del cuerpo, unir B con p.b. en el p.a. sig.; tejer los 25 (29, 31, 35) p. sig. siguiendo el motivo, poner marc. en el últ. p. tejido, saltar los 2 primeros p. de la últ. v. de una manga, tejer los 18 (20, 22, 24) p. sig. siguiendo el motivo, poner marc. en el últ. p. tejido, saltar los 4 p. sig. del cuerpo, tejer los 26 (30, 32, 36) p. sig. siguiendo el motivo, poner marc. en el últ. p. tejido, saltar los 2 primeros p. de la últ. v. de la 2.ª manga, tejer los 18 (20, 22, 24) p. sig. siguiendo el motivo, no unir. 1 cad., girar = 88 (100, 108, 120) p.

**V. de mg.:** 2 p.b.j. [tejer siguiendo el motivo hasta 2 p. antes del marc. sig., (2 p.b.j.) 2 veces desplazando el marc. al primero de los 2 p.b.j. recién tejidos] 3 veces, tejer siguiendo el motivo hasta los 2 últ. p., 2 p.b.j., 1 cad., girar = 80 (92, 100, 112) p. Repetir la v. de mg. otras 4 (5, 6, 7) veces más = 48 (52, 52, 56) p. Rematar.

## Acabado

### Borde del escote y tirillas de abrochar

Por el der.lab., poner 2 marc. en el borde delantero de la abertura del hombro. Poner un marc. a unos 5 mm después del comienzo de la abertura y un marc. arriba de la abertura, justo antes del comienzo del escote. Unir A con p.b. en el borde donde empieza la abertura del hombro, hacer p.b. a espacios regulares por todo el borde, alrededor del escote, bajando por el otro borde de la abertura del hombro y haciendo las presillas para los botones en los marc. de este modo: 6 cad., p.r. en el últ. p.b. hecho. Rematar. Coser los botones enfrentados con las presillas. Entretejer los cabos.

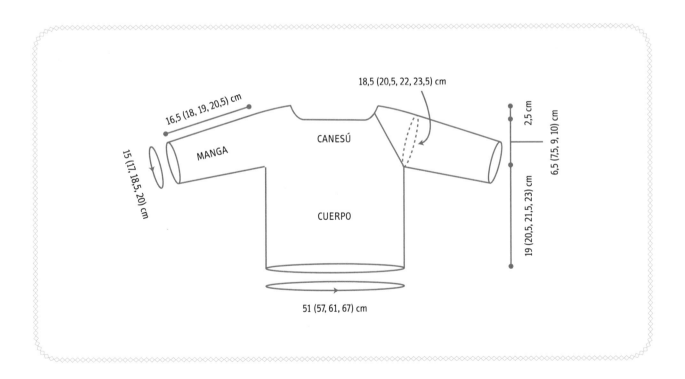

18,5 (20,5, 22, 23,5) cm

16,5 (18, 19, 20,5) cm

15 (17, 18,5, 20) cm

MANGA

CANESÚ

CUERPO

2,5 cm

6,5 (7,5, 9, 10) cm

19 (20,5, 21,5, 23) cm

51 (57, 61, 67) cm

# Pulóver con flores

Fácil ✸ ✸ ✦ ✦

**Tallas:**

6 (12, 18, 24) meses

Las instrucciones corresponden a la talla de 6 meses. Los cambios para 12, 18 y 24 meses se indican entre paréntesis.

**Medidas finales:**

Contorno de pecho: 51 (57, 61, 67) cm

Largo: 29 (31,5, 34, 37) cm

**Materiales:**

* Hilo de grosor mediano (4), 100 g (160 m aprox.)
* Color A: 1 (2, 2, 2) ovillos marfil, 200 (225, 265, 275) m aprox.
* Color B: 1 ovillo rosa claro, 80 (90, 105, 125) m aprox.
* Color C: 1 ovillo rosa intermedio, 35 m aprox.
* Color D: un poco de verde claro, 9 m aprox.
* 2 botones, de 16 mm Ø
* Marcadores de puntos
* Aguja con ojo grande

**Ganchillo:**

Del n.º I-9 USA/5,5 mm o del tamaño adecuado para la muestra del cuerpo

**Muestra de orientación:**

12 p. y 10 v. = 10 cm a punto medio.

**Notas:**

El cuerpo se teje en redondo, con vueltas seguidas desde el borde inferior hasta las sisas. Las mangas se tejen en redondo, con vueltas seguidas desde el puño hasta la sisa. Luego, el cuerpo y las mangas se unen formando el canesú. El canesú se teje ida y vuelta, dejando una abertura en un hombro, entre la manga y el delantero.

Para cambiar de color, tejer el último punto con el color antiguo hasta echar la última hebra; echar la hebra con el nuevo color y sacarla por todas las presillas del ganchillo para completar el punto. Rematar el color antiguo.

## Cuerpo

Con A, 60 (68, 72, 80) cad. flojas. Procurando no retorcer la cad., unir con p.r. a la primera cad. para formar un anillo.

**1.ª v.:** 1 cad., p.b. en cada cad. hasta el final; cambiar a A en el últ. p.; unir con p.r. al primer p.b., 1 cad., girar = 60 (68, 72, 80) p.

**2.ª v.:** con A, p.b. en cada p.b. hasta el final; cambiar a B en el últ. p.; unir con p.r. al primer p.b., 1 cad., girar.

**3.ª v.:** con B, p.b. en cada p.b. hasta el final; cambiar a A en el últ. p.; unir con p.r. al primer p.b., 1 cad., girar.

Rematar B, seguir solo con A.

**4.ª v.:** p.m. en cada p. hasta el final; unir con p.r. al primer p.m., 1 cad., girar.

Rep. la 4.ª v. hasta que la pieza mida 19 (20, 21,5, 22,5) cm desde el ppio. Rematar.

## Mangas (hacer 2)

Con B, 18 (20, 22, 24) cad. flojas. Procurando no retorcer la cad., unir con p.r. a la primera cad. para formar un anillo.

**1.ª v.:** 1 cad., p.b. en cada cad. hasta el final; cambiar a A en el últ. p.; unir con p.r. al primer p.b., 1 cad., girar = 18 (20, 22, 24) p.

**2.ª v.:** con A, p.b. en cada p.b. hasta el final; cambiar a B en el últ. p.; unir con p.r. al primer p.b., 1 cad., girar.

**3.ª v.:** con B, p.b. en cada p.b. hasta el final; cambiar a A en el últ. p.; unir con p.r. al primer p.b., 1 cad., girar.

Rematar B, seguir solo con A.

**4.ª y 5.ª v.:** p.m. en cada p. hasta el final; unir con p.r. al primer p.b., 1 cad., girar.

**6.ª v. (de aum.):** 2 p.m. en el primer p., p.m. en cada p. hasta el final; unir con p.r. al primer p., 1 cad., girar = 19 (21, 23, 25) p.

**7.ª a 9.ª v.:** p.m. en cada p. hasta el final; unir con p.r. al primer p., 1 cad., girar.

**10.ª a 17.ª v.:** rep. 2 veces las v. 6.ª a 9.ª = 21 (23, 25, 27) p.

**18.ª v. (de aum.):** rep. la 6.ª v. = 22 (24, 26, 28) p.

Rep. la 7.ª v. hasta que la pieza mida 16,5 (18, 19, 20,5) cm desde el ppio. Rematar. Hacer la 2.ª manga.

# Canesú

**V. de unión (der.lab.):** por el der.lab., saltar los 2 primeros p. de la últ. v. del cuerpo, unir A con p.m. en el p. sig., p.m. en los 25 (29, 31, 35) p. sig., poner marc. en el últ. p. tejido, saltar los 2 primeros p. de la últ. v. de una manga, p.m. en los 18 (20, 22, 24) p. sig., poner marc. en el últ. p. tejido, saltar los 4 p. sig. del cuerpo, p.m. en los 26 (30, 32, 36) p. sig., poner marc. en el últ. p. tejido, saltar los 2 primeros p. de la últ. v. de la 2.ª manga, p.m. en los 18 (20, 22, 24) últ. p., no unir. 1 cad., girar = 88 (100, 108, 120) p.

**V. sig.:** p.m. en cada p. hasta el final, 1 cad., girar.

**V. de mg.:** 2 p.m.j., [p.m. en cada p. hasta 2 p. antes del sig. marc. (2 p.m.j.) 2 veces, desplazando el marc. al primero de los 2 p.m.j. recién hechos] 3 veces, p.m. en cada p. hasta los 2 últ. p., 2 p.m.j., 1 cad., girar = 80 (92, 100, 112) p.

Rep. la v. de mg. otras 4 (5, 6, 7) veces = 48 (52, 52, 56) p. Rematar.

# Acabado

## Borde del escote y tirillas de abrochar

Por el der.lab., poner 2 marc. en el borde delantero de la abertura del hombro. Poner un marc. a unos 5 mm después del comienzo de la abertura y un marc. arriba de la abertura, justo antes del comienzo del escote. Unir A con p.b. en el borde donde empieza la abertura del hombro, hacer p.b. a espacios regulares por todo el borde, alrededor del escote, bajando por el otro borde de la abertura del hombro y haciendo las presillas para los botones en los marc. de este modo: 6 cad., p.r. en el últ. p.b. hecho. Rematar. Coser los botones enfrentados con las presillas. Entretejer los cabos.

## Flores
### Flor grande (hacer 3)

Con B, 3 cad.; unir con p.r. a la primera cad. para formar un anillo.

**1.ª v.:** 1 cad. (p.b. en el anillo, 1 cad.) 5 veces; unir con p.r. al primer p.b. = 5 p.b. y 5 espacios de 1 cad.

**2.ª v.:** 1 cad. (p.m., p.a., p.a.d., p.a., p.m.) en cada espacio de 1 cad. hasta el final; unir con p.r. al primer p. = 5 pétalos. Rematar.

### Flor pequeña (hacer 2)

Con C, 3 cad.; unir con p.r. a la primera cad. para formar un anillo.

**1.ª v.:** 1 cad., (p.b. en el anillo, 1 cad.) 5 veces; unir con p.r. al primer p.b. = 5 p.b. y 5 espacios de 1 cad.

**2.ª v.:** 1 cad. (p.m., p.a., p.m.) en cada espacio de 1 cad. hasta el final; unir con p.r. al primer p. = 5 pétalos. Rematar.

### Centro de flor (hacer 5)

Con D, 4 cad., h., insertar el ganchillo en la 4.ª cad. a partir del ganchillo y sacar 1 pres., h. y sacarla por 2 pres. del ganchillo (quedan 2 pres. en el ganchillo), *h., insertar el ganchillo en la misma cad. y sacar 1 pres., h. y sacarla por 2 pres. del ganchillo (quedan 3 pres. en el ganchillo), rep. desde * 2 veces más, h. y sacarla por las 5 pres. del ganchillo, 1 cad. Rematar, dejando una hebra larga.

Poner un centro en cada flor y entretejer la hebra larga por el revés del centro de la flor. Guiándose por la fotografía, coser las flores en el pulóver.

18,5 (20,5, 22, 23,5) cm

16,5 (18, 19, 20,5) cm

15 (17, 18,5, 20) cm

MANGA

CANESÚ

2,5 cm

7,5 (9, 10, 11,5) cm

19 (20,5, 21,5, 23) cm

CUERPO

51 (57, 61, 67) cm

# Cárdigan

" El cárdigan es una chaqueta que se lleva encima de otras prendas y se puede utilizar todo el año. Queda perfecta encima de un vestido de verano, conjuntada con un pantalón de peto o sobre otras prendas cuando hace más frío. Me gustan estas chaquetas sobre todo por lo versátiles que son, aunque se tarde un poco más en hacerlas que un pulóver.

El primer cárdigan es muy básico y se teje en un punto sencillo que le aporta textura. Lleva un toque de color en el borde y en los bolsillos. Se teje de una pieza hasta las sisas, por lo que no necesita costuras en los costados.

Si se dispone de algo más de tiempo, se puede optar por incluir unas rayas, como en el segundo cárdigan. Se tarda un poco en pasar la hebra de un lado a otro, pero merece la pena porque la chaqueta queda muy original.

El tercer cárdigan utiliza el mismo patrón básico que los modelos anteriores, pero lleva el escote redondo en lugar de en pico. Es una chaqueta perfecta para salir o para jugar. "

# Cárdigan blanco ribeteado en azul

**Fácil** ✳ ✳ ✳ ✳ ✳

**Tallas:**

6 (12, 18, 24) meses

Las instrucciones corresponden a la talla de 6 meses. Los cambios para 12, 18 y 24 meses se indican entre paréntesis.

**Medidas finales:**

Contorno de pecho: 51 (56, 61, 66) cm

Largo: 28 (30,5, 33, 35,5) cm

**Materiales:**

* Hilo de grosor mediano (**4**), 100 g (160 m aprox.)
* Color A: 2 (3, 3, 3) ovillos marfil, 280 (330, 380, 455) m aprox.
* Color B: 1 ovillo azul claro, 45 (55, 65, 75) m aprox.
* 4 botones, de 22 mm Ø
* Marcadores de puntos
* Aguja con ojo grande

**Ganchillo:**

Del n.º I-9 USA/5,5 mm o del tamaño adecuado para la muestra del cuerpo

**Muestra de orientación:**

12 p. y 11 v. = 10 cm tejidos con el motivo.

**Notas:**

Para tejer el motivo, hacer un p.b. en cada p.a. y un p.a. en cada p.b. de la v. anterior.

El cuerpo se teje de una pieza hasta la sisa. Luego la pieza se divide en delanteros y espalda, que se trabajan por separado hasta los hombros.

Las mangas se tejen aparte, se hace la costura y se cosen en las sisas.

Para cambiar de color, tejer el último punto con el color antiguo hasta echar la última hebra; echar la hebra con el nuevo color y sacarla por todas las presillas del ganchillo para completar el punto. Rematar el color antiguo.

## Cuerpo

Con A, 61 (67, 73, 79) cad. flojas.

**1.ª v.:** p.b. en la 2.ª cad. a partir del ganchillo y en cada cad. hasta el final, 1 cad., girar = 60 (66, 72, 78) p.

**2.ª v.:** *p.b. en el p. sig., p.a. en el p. sig.; rep. desde * hasta el final, 1 cad., girar.

Rep. la 2.ª v. hasta que la pieza mida 18 (19, 20,5, 21,5) cm desde el ppio. No rematar.

## Delantero derecho

**1.ª v. (der.lab.):** p.b. en el p. sig., (p.a. en el p. sig., p.b. en el p. sig.) 6 (6, 7, 8) veces, p.b. en el 0 (1, 0, 0) p. sig., 1 cad., girar; dejar los p. restantes sin trabajar para las sisas, la espalda y el delantero izquierdo = 13 (14, 15, 17) p.

**2.ª v.:** p.b. en cada p.a. y p.a. en cada p.b. hasta el final, 1 cad., girar.

**3.ª v.:** saltar el primer p., p.b. en cada p.a. y p.a. en cada p.b. hasta el final, 1 cad., girar = 12 (13, 14, 16) p.

Rep. las 2 últ. v. otras 4 (5, 5, 6) veces = 8 (8, 9, 10) p.

Rep. la 2.ª v. hasta que el delantero derecho mida 10 (11,5, 12,5, 14) cm. Rematar.

## Espalda

**1.ª v. (der.lab.):** saltar los 4 (6, 6, 6) p. sig. del cuerpo dejados en espera después de acabar el delantero derecho; unir A con p.r. al p. sig., empezando en el mismo p. de la unión, p.b. en cada p.a. y p.a. en cada p.b. de los 26 (26, 30, 32) p. sig., 1 cad., girar; dejar los demás p. sin trabajar para la sisa y el delantero izquierdo = 26 (26, 30, 32) p.

**2.ª v.:** p.b. en cada p.a. y p.a. en cada p.b. hasta el final, 1 cad., girar.

Rep. la 2.ª v. hasta que la espalda mida lo mismo que el delantero derecho. Rematar.

## Delantero izquierdo

**1.ª v. (der.lab.):** saltar los 4 (6, 6, 6) p. sig. dejados en espera después de acabar la espalda; unir A con p.r. al p. sig., empezando en el mismo p. de unión, p.b. en cada p.a. y p.a. en cada p.b. hasta el final, 1 cad., girar = 13 (14, 15, 17) p.

**2.ª v.:** saltar el primer p., p.b. en cada p.a. y p.a. en cada p.b. hasta el final, 1 cad., girar = 12 (13, 14, 16) p.

**3.ª v.:** p.b. en cada p.a. y p.a. en cada p.b. hasta el final, 1 cad., girar.

Rep. las 2 últ. v. otras 4 (5, 5, 6) veces = 8 (8, 9, 10) p.

Rep. la 2.ª v. hasta que el delantero izquierdo mida lo mismo que la espalda. Rematar.

## Mangas (hacer 2)

Con A, 19 (21, 23, 25) cad.

**1.ª v.:** p.b. en la 2.ª cad. a partir del ganchillo y en cada cad. hasta el final, 1 cad., girar = 18 (20, 22, 24) p.

**2.ª v.:** *p.b. en el p. sig., p.a. en el p. sig.; rep. desde * hasta el final, 1 cad., girar.

**3.ª y 4.ª v. (de aum.):** (p.a., p.b.) en el primer p., seguir el motivo hasta el final de la v., 1 cad., girar = 20 (22, 24, 26) p.

**5.ª v.:** tejer según el motivo hasta el final de la v., 1 cad., girar.

**6.ª y 7.ª v. (de aum.):** (p.b., p.a.) en el p. sig., seguir el motivo hasta el final de la v., 1 cad., girar = 22 (24, 26, 28) p.

**8.ª a 13.ª v.:** rep. las v. 2.ª a 7.ª = 26 (28, 30, 32) p.

Rep. la 5.ª v. hasta que la pieza mida 23 (25,5, 26,5, 28) cm desde el ppio.

## Bolsillos (hacer 2)

Con A, 11 cad.

**1.ª v.:** p.b. en la 2.ª cad. a partir del ganchillo y en cada cad. hasta el final, 1 cad., girar = 10 p.

**2.ª v.:** *p.b. en el p. sig., p.a. en el p. sig.; rep. desde * hasta el final, 1 cad., girar.

Rep. la 2.ª v. hasta que el bolsillo mida 6,5 cm desde el ppio.; cambiar a B en el últ. p. de la últ. v.

**Últ. v.:** con B, p.b. en cada p. hasta el final. Rematar.

## Acabado

Hacer las costuras de los hombros. Coser las mangas, dejando una abertura arriba de 2 (2,5, 2,5, 2,5) cm. Coser las mangas en las sisas, cosiendo la abertura de 2 (2,5, 2,5, 2,5) cm en la sisa debajo de los brazos. Doblar los puños.

## Borde y tirillas del delantero

**1.ª v.:** por el der.lab., unir B con p.b. a la esquina de abajo de un delantero para subir por el borde de ese delantero, p.b. al final de cada v. hasta la esquina donde se empieza a dar forma al escote, 2 p.b. en la esquina, p.b. a espacios regulares por el borde del escote hasta la esquina donde empieza el escote de la espalda, 2 p.b.j., p.b. a espacios regulares por el escote de la espalda siguiendo hasta la otra esquina, 2 p.b.j., p.b. a espacios regulares bajando por el borde del escote hasta la esquina, 2 p.b. en la esquina, p.b. a espacios regulares bajando por el borde del otro delantero, p.b. a espacios regulares por el bajo; unir con p.r. al primer p.b., no girar. Poner 4 marc. a lo largo del borde de un delantero (el derecho si es una chaqueta de niña, el izquierdo si es de niño). Situar el 1.º debajo de donde empieza la forma del escote. Poner el 2.º justo arriba del borde inferior y los otros 2 a espacios regulares entre esos marc.

**2.ª v.:** 1 cad., p.m. en cada p.b. hasta la esquina donde empieza la forma del escote, p.b. en cada p. alrededor del escote de la espalda hasta la esquina donde termina la forma del escote, p.m. en cada p. por el borde del delantero, p.b. a espacios regulares por el borde inferior y hacer una presilla para el botón en cada p. marcado, de este modo: 2 cad., saltar el p. sig.; unir con p.r. al primer p.m. Rematar.

Coser un bolsillo centrado en cada delantero, a unos 4 cm por encima del borde inferior. Coser los botones enfrentados con las presillas. Entretejer los cabos.

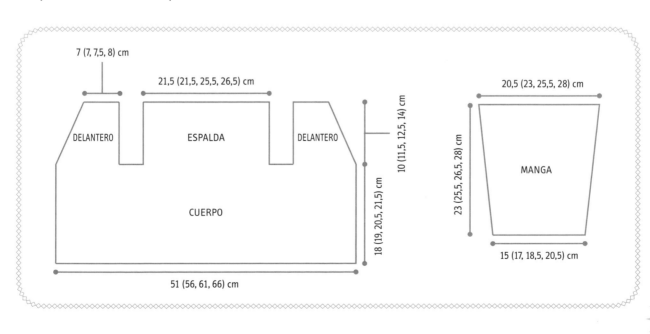

7 (7, 7,5, 8) cm

21,5 (21,5, 25,5, 26,5) cm

DELANTERO    ESPALDA    DELANTERO

CUERPO

10 (11,5, 12,5, 14) cm

18 (19, 20,5, 21,5) cm

51 (56, 61, 66) cm

20,5 (23, 25,5, 28) cm

MANGA

23 (25,5, 26,5, 28) cm

15 (17, 18,5, 20,5) cm

# Cárdigan de rayas

Fácil ✦ ✦ ✧ ✧

**Tallas:**

6 (12, 18, 24) meses

Las instrucciones corresponden a la talla de 6 meses. Los cambios para 12, 18 y 24 meses se indican entre paréntesis.

**Medidas finales:**

Contorno de pecho: 51 (56, 61, 66) cm

Largo: 28 (30,5, 33, 35,5) cm

**Materiales:**

* Hilo de grosor mediano (4), 100 g (160 m aprox.)
* Color A: 1 (2, 2, 2) ovillos marfil, 155 (180, 210, 250) m aprox.
* Color B: 1 (1, 2, 2) ovillos verde claro, 125 (145, 170, 195) m aprox.
* 4 botones, de 22 mm Ø
* Marcadores de puntos
* Aguja con ojo grande

**Ganchillo:**

Del n.º I-9 USA/5,5 mm o del tamaño adecuado para la muestra del cuerpo

**Muestra de orientación:**

12 p. y 11 v. = 10 cm tejidos con el motivo.

**Notas:**

Para tejer el motivo, hacer un p.b. en cada p.a. y un p.a. en cada p.b. de la v. anterior.

El cuerpo se teje de una pieza hasta la sisa. Luego se divide la pieza en delanteros y espalda, que se trabajan por separado hasta los hombros.

Las mangas se tejen aparte, se cierra la costura de cada una y se cosen en las sisas.

Para cambiar de color, tejer el último punto con el color antiguo hasta echar la última hebra; echar la hebra con el nuevo color y sacarla por todas las presillas del ganchillo para completar el punto. Rematar el color antiguo.

## Cuerpo

Con A, 61 (67, 73, 79) cad. flojas.

**1.ª v.:** p.b. en la 2.ª cad. a partir del ganchillo y en cada cad. hasta el final, 1 cad., girar = 60 (66, 72, 78) p.

**2.ª a 5.ª v.:** con A, *p.b. en el p. sig., p.a. en el p. sig.; rep. desde * hasta el final; cambiar a B en el úl. p., 1 cad., girar.

**6.ª a 9.ª v.:** con B, *p.b. en el p. sig., p.a. en el p. sig.; rep. desde * hasta el final; cambiar a A en el úl. p., 1 cad., girar.

Rep. las v. 2.ª a 9.ª hasta que la pieza mida 18 (19, 20,5, 21,5) cm desde el ppio. No rematar. Seguir cambiando de color cada 4 v.

### Delantero derecho

**1.ª v. (der.lab.):** p.b. en el p. sig., (p.a. en el p. sig., p.b. en el p. sig.) 6 (6, 7, 8) veces, p.b. en el 0 (1, 0, 0) p. sig., 1 cad., girar; dejar los p. restantes sin trabajar para las sisas, la espalda y el delantero izquierdo = 13 (14, 15, 17) p.

**2.ª v.:** p.b. en cada p.a. y p.a. en cada p.b. hasta el final, 1 cad., girar.

**3.ª v.:** saltar el primer p., p.b. en cada p.a. y p.a. en cada p.b. hasta el final, 1 cad., girar = 12 (13, 14, 16) p.

Rep. las 2 últ. v. otras 4 (5, 5, 6) veces = 8 (8, 9, 10) p.

Rep. la 2.ª v. hasta que el delantero derecho mida 10 (11,5, 12,5, 14) cm. Rematar.

## Espalda

**1.ª v. (der.lab.):** saltar los 4 (6, 6, 6) p. sig. del cuerpo dejados en espera después del delantero derecho, unir la hebra con p.r. en el p. sig.; empezando en el mismo p. de unión, p.b. en cada p.a. y p.a. en cada p.b. en los 26 (26, 30, 32) p. sig., 1 cad., girar; dejar los p. restantes sin trabajar para la sisa y el delantero izquierdo = 26 (26, 30, 32) p.

**2.ª v.:** p.b. en cada p.a. y p.a. en cada p.b. hasta el final, 1 cad., girar.

Rep. la 2.ª v. hasta que la espalda mida lo mismo que el delantero derecho. Rematar.

### Delantero izquierdo

**1.ª v. (der.lab.):** saltar los 4 (6, 6, 6) p. dejados en espera después de la espalda; unir la h. con p.r. al p. sig.; empezando en el mismo p. de unión, p.b. en cada p.a. y p.a. en cada p.b. hasta el final, 1 cad., girar = 13 (14, 15, 17) p.

**2.ª v.:** saltar el primer p., p.b. en cada p.a. y p.a. en cada p.b. hasta el final, 1 cad., girar = 12 (13, 14, 16) p.

**3.ª v.:** p.b. en cada p.a. y p.a. en cada p.b. hasta el final, 1 cad., girar.

Rep. las 2 últ. v. otras 4 (5, 5, 6) veces = 8 (8, 9, 10) p.

Rep. la 2.ª v. hasta que el delantero izquierdo mida lo mismo que la espalda. Rematar.

## Mangas (hacer 2)

Con B, 19 (21, 23, 25) cad.

**1.ª v.:** p.b. en la 2.ª cad. a partir del ganchillo y en cada cad. hasta el final, 1 cad., girar = 18 (20, 22, 24) p.

**2.ª v.:** *p.b. en el p. sig., p.a. en el p. sig.; rep. desde * hasta el final, 1 cad., girar.

**3.ª y 4.ª v. (de aum.):** (p.a., p.b.) en el primer p., seguir el motivo hasta el final de la v., 1 cad., girar = 20 (22, 24, 26) p.

**5.ª v.:** tejer según el motivo hasta el final de la v., cambiar a A 1 cad., girar.

**6.ª y 7.ª v. (de aum.):** (p.b., p.a.) en el p. sig., seguir el motivo hasta el final de la v., 1 cad., girar = 22 (24, 26, 28) p.

**8.ª y 9.ª v.:** rep. las v. 2.ª y 3.ª; cambiar a B en el últ. p. de la 9.ª v. = 23 (25, 27, 29) p.

Seguir cambiando de color cada 4 v. en toda la manga.

**10.ª a 13.ª v.:** rep. las v. 4.ª a 7.ª = 26 (28, 30, 32) p.

**14.ª v.:** tejer siguiendo el motivo hasta el final de la v., 1 cad., girar.

Rep. la 14.ª v. hasta que la pieza mida 23 (25,5, 26,5, 28) cm desde el ppio.

## Acabado

Hacer las costuras de los hombros. Coser las mangas dejando arriba una abertura de 2 (2,5, 2,5, 2,5) cm. Coser las mangas en las sisas, cosiendo la abertura de 2 (2,5, 2,5, 2,5) cm a la sisa debajo del brazo. Doblar los puños.

## Tirillas del delantero

**1.ª v.:** por el der.lab., unir A con p.b. a la esquina de abajo de un delantero para subir por el borde de ese delantero, p.b. al final de cada v. hasta la esquina donde se empieza a dar forma al escote, 2 p.b. en la esquina, p.b. a espacios regulares por el borde del escote hasta la esquina donde empieza el escote de la espalda, 2 p.b.j., p.b. a espacios regulares por el escote de la espalda siguiendo hasta la otra esquina, 2 p.b.j., p.b. a espacios regulares bajando por el borde del escote hasta la esquina, 2 p.b. en la esquina, p.b. a espacios regulares bajando por el borde del otro delantero, 1 cad., girar.

**2.ª v.:** p.b. en cada p.b. hasta el final, tejiendo 2 p.b.j. en las esquinas del escote en la espalda, 1 cad., girar.

Poner 4 marc. a lo largo del borde de un delantero (el derecho si es una chaqueta de niña, el izquierdo si es de niño). Situar el 1.er marc. justo debajo de donde empieza la forma del escote. Poner el 2.º marc. justo arriba del borde inferior y los otros 2 a espacios regulares entre esos marc.

**3.ª v.:** p.m. en cada p.b. hasta la esquina donde empieza la forma del escote, p.b. en el p. sig., p.r. en cada p. por el borde del escote hasta la esquina al final de la forma del escote, p.b. en el p. sig., p.m. en cada p. hasta el final y hacer una presilla para botón en cada marc., de este modo: 2 cad., saltar el p. sig. Rematar.

Coser los botones enfrentados con las presillas. Entretejer los cabos.

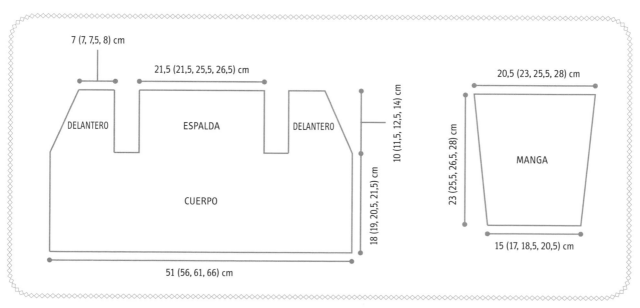

# Cárdigan rosa

**Tallas:**

6 (12, 18, 24) meses

Las instrucciones corresponden a la talla de 6 meses. Los cambios para 12, 18 y 24 meses se indican entre paréntesis.

**Medidas finales:**

Contorno de pecho: 51 (57, 61, 66) cm

Largo: 28 (30,5, 33, 35,5) cm

**Materiales:**

* Hilo de grosor mediano (4), 100 g (160 m aprox.)
* Color A: 2 (2, 2, 3) ovillos rosa, 180 (210, 270, 330) m aprox.
* Color B: 1 ovillo marfil, 15 m aprox.
* 1 botón, de 25 mm Ø
* Aguja con ojo grande

**Ganchillo:**

Del n.º I-9 USA/5,5 mm o del tamaño adecuado para la muestra del cuerpo

**Muestra de orientación:**

11 p. y 10 v. = 10 cm tejidos con el motivo.

**Notas:**

Para tejer el motivo, hacer un p.b. en cada p.a. y un p.a. en cada p.b. de la v. anterior.

El cuerpo se teje de una pieza hasta la sisa. Luego se divide la pieza en delanteros y espalda, que se trabajan por separado hasta los hombros.

Las mangas se tejen aparte, se cierra la costura de cada una y se cosen en las sisas.

## Cuerpo

Con A, 57 (63, 67, 73) cad. flojas.

**1.ª v.:** p.b. en la 2.ª cad. a partir del ganchillo y en cada cad. hasta el final, 1 cad., girar = 56 (62, 66, 72) p.

**2.ª v.:** *p.b. en el p. sig., p.a. en el p. sig.; rep. desde * hasta el final, 1 cad., girar.

Rep. la 2.ª v. hasta que la pieza mida 16,5 (17,5, 19, 20) cm desde el ppio. No rematar.

### Delantero derecho

**1.ª v. (der.lab.):** p.b. en el p. sig., (p.a. en el p. sig., p.b. en el p. sig.) 6 (6, 7, 8) veces, p.b. en el 0 (1, 0, 0) p. sig., 1 cad., girar; dejar los p. restantes sin trabajar para las sisas, la espalda y el delantero izquierdo = 13 (14, 15, 17) p.

**2.ª v.:** p.b. en cada p.a. y p.a. en cada p.b. hasta el final, 1 cad., girar.

Rep. la últ. v. hasta que el delantero mida 6,5 cm; terminar con 1 v. por el der.lab. (se empieza ahora con una v. por el rev.lab.).

**V. sig.:** p.b. en cada p.a. y p.a. en cada p.b. hasta los 2 últ. p., 1 cad., girar; dejar los 2 últ. p. sin tejer (en el borde del escote) = 11 (12, 13, 15) p.

**V. sig. (der.lab.):** saltar el primer p., p.b. en cada p.a. y p.a. en cada p.b. hasta el final, 1 cad., girar = 10 (11, 12, 14) p.

**V. sig.:** p.b. en cada p.a. y p.a. en cada p.b. hasta el últ. p., 1 cad., girar; dejar el últ. p. sin tejer = 9 (10, 11, 13) p.

Rep. las 2 últ. v. hasta que queden 8 (8, 9, 10) p.

Rep. la 2.ª v. hasta que el delantero derecho mida 11,5 (12,5, 14, 15) cm. Rematar.

## Espalda

**1.ª v. (der.lab.):** saltar los 4 (5, 6, 6) p. del cuerpo dejados sin tejer después del delantero derecho, unir la hebra con p.r. en el p. sig.; empezando en el mismo p. de unión, p.b. en cada p.a. y p.a. en cada p.b. en los 22 (24, 24, 26) p. sig., 1 cad., girar; dejar los p. restantes sin trabajar para la sisa y el delantero izquierdo = 22 (24, 24, 26) p.

**2.ª v.:** p.b. en cada p.a. y p.a. en cada p.b. hasta el final, 1 cad., girar.

Rep. la 2.ª v. hasta que la espalda mida lo mismo que el delantero derecho. Rematar.

## Delantero izquierdo

**1.ª v.:** saltar los 4 (5, 6, 6) p. sig. dejados en espera después de la espalda, unir la hebra con p.r. al p. sig.; empezando en el mismo p. de unión, p.b. en cada p.a. y p.a. en cada p.b. hasta el final, 1 cad., girar = 13 (14, 15, 17) p.

**2.ª v.:** p.b. en cada p.a. y p.a. en cada p.b. hasta el final, 1 cad., girar.

Rep. la últ. v. hasta que el delantero izquierdo mida 6,5 cm aprox.; terminar con una v. por el der.lab. (se empieza ahora con una v. por el rev.lab.).

**V. sig. (rev.lab.):** p.r. en los 2 primeros p., p.b. en cada p.a. y p.a. en cada p.b. hasta el final, 1 cad., girar = 11 (12, 13, 15) p.

**V. sig.:** p.b. en cada p.a. y p.a. en cada p.b. hasta el últ. p., 1 cad., girar; dejar el últ. p. sin tejer = 10 (11, 12, 14) p.

**V. sig.:** saltar el primer p., p.b. en cada p.a. y p.a. en cada p.b. hasta el final, 1 cad., girar = 9 (10, 11, 13) p.

Rep. las 2 últ. v. hasta que solo queden 8 (8, 8, 9) p.

Rep. la 2.ª v. hasta que el delantero izquierdo mida lo mismo que la espalda. Rematar.

## Mangas (hacer 2)

Con A, 17 (19, 21, 23) cad.

**1.ª v.:** p.b. en la 2.ª cad. a partir del ganchillo y en cada cad. hasta el final, 1 cad., girar = 16 (18, 20, 22) p.

**2.ª y 3.ª v.:** *p.b. en el p. sig., p.a. en el p. sig.; rep. desde * hasta el final, 1 cad., girar.

**4.ª y 5.ª v. (de aum.):** (p.a., p.b.) en el primer p., tejer siguiendo el motivo hasta el final de la v., 1 cad., girar = 18 (20, 22, 24) p.

**6.ª y 7.ª v.:** tejer siguiendo el motivo hasta el final de la v., 1 cad., girar.

**8.ª y 9.ª v. (de aum.):** (p.b., p.a.) en el primer p., tejer siguiendo el motivo hasta el final de la v., 1 cad., girar = 20 (22, 24, 26) p.

**10.ª y 11.ª v.:** rep. las v. 2.ª y 3.ª.

**12.ª a 19.ª v.:** rep. las v. 4.ª a 11.ª = 24 (26, 28, 30) p.

**20.ª a 23.ª v.:** rep. las v. 4.ª a 7.ª = 26 (28, 30, 32) p.

Rep. la 7.ª v. hasta que la pieza mida 23 (24, 25,5, 26,5) cm desde el ppio. Rematar.

## Acabado

Hacer las costuras de los hombros. Coser las mangas dejando arriba una abertura de 2 (2,5, 2,5, 2,5) cm. Coser las mangas en las sisas, cosiendo la abertura a la sisa, debajo del brazo. Doblar los puños.

### Ribete

Por el der.lab., unir B con p.b. a la costura del hombro derecho del cárdigan, p.b. a espacios regulares por el escote hasta la esquina, 3 cad. (presilla para el botón), p.b. todo alrededor del borde exterior, haciendo 2 p.b. en cada esquina, unir con p.r. al primer p.b. Rematar.

Coser el botón en la esquina de arriba del delantero. Entretejer los cabos.

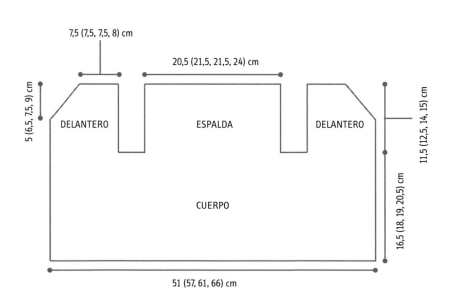

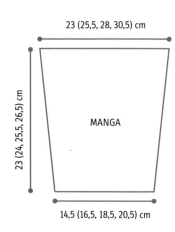

Chalecos

&#x0022; No se suele pensar en el chaleco como prenda para bebés, pero a mí me gusta mucho. Los chalecos son una manera fácil de poner una nota divertida en el armario y también de abrigar lo justo. En primavera quedan perfectos encima de un vestido o de una camisa y en invierno, debajo de un cárdigan. Son estupendos para niños y no siempre es fácil encontrar modelos para ellos.

El chaleco blanco y rosa se teje en dos colores y eso le da un aire clásico, pero también se puede hacer más original si cada raya se teje de un color.

El chaleco blanco con azul lleva un adorno extra de rayas hechas con hebras entretejidas, pero se puede dejar como chaleco de un solo color.

Los dos chalecos de este libro se tejen con un motivo de punto sencillo y se terminan rápidamente.

O quizá prefiera tejer la espalda de rayas y el delantero liso. ¿Y por qué no probar a añadir unas flores entre las rayas? Las posibilidades son infinitas. &#x0022;

# Chaleco blanco y rosa

Fácil ✳ ✳ ✳ ✳ ✳

**Tallas:**

6 (12, 18, 24) meses

Las instrucciones corresponden a la talla de 6 meses. Los cambios para 12, 18 y 24 meses se indican entre paréntesis.

**Medidas finales:**

Contorno de pecho: 51 (57, 61, 67,5) cm

Largo: 28 (30,5, 33, 35,5) cm

**Materiales:**

* Hilo de grosor mediano (4), 100 g (160 m aprox.)
* Color A: 1 ovillo marfil, 75 (90, 110, 130) m aprox.
* Color B: 1 ovillo rosa, 75 (90, 110, 130) m aprox.
* Aguja con ojo grande

**Ganchillo:**

Del n.º I-9 USA/5,5 mm o del tamaño adecuado para la muestra del cuerpo

**Muestra de orientación:**

12 p. y 11 v. = 10 cm con el motivo.

**Notas:**

Al tejer el motivo, procurar hacer p.b. en cada p.a. y p.a. en cada p.b. de la v. anterior.

El cuerpo se teje en v. seguidas en redondo hasta la sisa. Luego la pieza se divide en delanteros y espalda, que se tejen por separado, ida y vuelta, hasta los hombros.

Para cambiar de color, tejer el último punto con el color antiguo hasta echar la última hebra; echar la hebra con el nuevo color y sacarla por todas las presillas del ganchillo para completar el punto. Rematar el color antiguo.

## Cuerpo

Con A, 60 (68, 72, 80) cad. flojas. Procurando no retorcer la cad., unir con p.r. a la primera cad. para formar un anillo.

**1.ª v.:** 1 cad., p.b. en cada cad. hasta el final; unir con p.r. al primer p.b., 1 cad., girar = 60 (68, 72, 80) p.

**2.ª a 5.ª v.:** con A, *p.b. en el p. sig., p.a. en el p. sig.; rep. desde * hasta el final, cambiar a B en el últ. p.; unir con p.r. al primer p.b., 1 cad., girar.

**6.ª a 9.ª v.:** con B, *p.b. en el p. sig., p.a. en el p. sig.; rep. desde * hasta el final, cambiar a A en el últ. p.; unir con p.r. al primer p.b., 1 cad., girar.

Rep. las v. 2.ª a 9.ª hasta que la pieza mida 18 (19, 20,5, 21,5) cm desde el ppio. Rematar. Seguir cambiando de color cada 4 v. en toda la labor.

## Espalda

**1.ª v.:** saltar los 3 (4, 4, 5) primeros p. del cuerpo, unir la hebra con p.r. en el p. sig., empezando en el mismo p. de unión, p.b. en cada p.a. y p.a. en cada p.b. en los 24 (26, 28, 30) p. sig.,

1 cad., girar; dejar los demás p. sin tejer para las sisas y el delantero = 24 (26, 28, 30) p.

**2.ª v.:** p.b. en cada p.a. y p.a. en cada p.b. hasta el final, 1 cad., girar. Rep. la 2.ª v. hasta que la espalda mida 10 (11,5, 12,5, 14) cm. Rematar.

## Delantero

**1.ª v.:** saltar los 6 (8, 8, 10) p. del cuerpo sin trabajar después de la espalda, unir la hebra con p.r. en el p. sig.; empezando en el mismo p. de unión, p.b. en cada p.a. y p.a. en cada p.b. en los 24 (26, 28, 30) p. sig., 1 cad., girar; dejar los demás p. sin tejer para la sisa = 24 (26, 28, 30) p.

## Primera mitad del delantero

**2.ª v.:** p.b. en cada p.a. y p.a. en cada p.b. en los 12 (13, 14, 15) primeros p., 1 cad., girar; dejar los demás p. sin tejer para la otra mitad del delantero = 12 (13, 14, 15) p.

**3.ª v.:** 2 p.b.j., p.b. en cada p.a. y p.a. en cada p.b. hasta el final, 1 cad., girar = 11 (12, 13, 14) p.

**4.ª v.:** p.b. en cada p.a. y p.a. en cada p.b. hasta los 2 últ. p., 2 p.b.j., 1 cad., girar = 10 (11, 12, 13) p.

Rep. las 2 últ. v. otras 1 (2, 2, 2) veces más = 8 (7, 8, 9) p.

Rep. la 3.ª v. 1 (0, 0, 0) vez más = 7 (7, 8, 9) p.

**V. sig.:** p.b. en cada p.a. y p.a. en cada p.b. hasta el final, 1 cad., girar.

Rep. esta últ. v. hasta que la primera mitad del delantero mida lo mismo que la espalda. Rematar.

### Segunda mitad del delantero

**2.ª v.:** unir la hebra con p.r. al sig. p. dejado en espera después de hacer la primera mitad del delantero; empezando en el mismo p. de unión, p.b. en cada p.a. y p.a. en cada p.b. hasta el final, 1 cad., girar = 12 (13, 14, 15) p.

**3.ª v.:** p.b. en cada p.a. y p.a. en cada p.b. hasta los 2 últ. p., 2 p.b.j., 1 cad., girar = 11 (12, 13, 14) p.

**4.ª v.:** 2 p.b.j., p.b. en cada p.a. y p.a. en cada p.b. hasta el final, 1 cad., girar = 10 (11, 12, 13) p.

Rep. las 2 últ. v. 1 (2, 2, 2) veces más = 8 (7, 8, 9) p.

Rep. la 3.ª v. 1 (0, 0, 0) vez más = 7 (7, 8, 9) p.

**V. sig.:** p.b. en cada p.a. y p.a. en cada p.b. hasta el final, 1 cad., girar.

Rep. esta últ. v. hasta que la mitad del delantero mida lo mismo que la espalda. Rematar.

## Acabado

Hacer las costuras de los hombros. Entretejer los cabos.

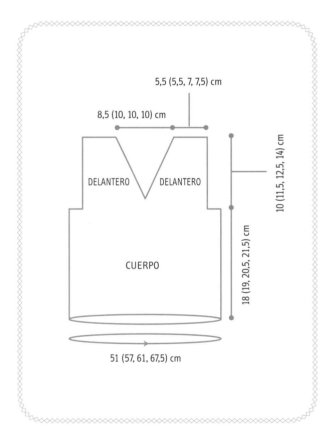

# Chaleco blanco con azul

Fácil ✸ ✸ ✧ ✧

**Tallas:**

6 (12, 18, 24) meses

Las instrucciones corresponden a la talla de 6 meses. Los cambios para 12, 18 y 24 meses se indican entre paréntesis.

**Medidas finales:**

Contorno de pecho: 51 (57, 61, 67,5) cm

Largo: 28 (30,5, 33, 35,5) cm

**Materiales:**

* Hilo de grosor mediano (❹), 100 g (160 m aprox.)
* Color A: 1 (1, 2, 2) ovillos marfil, 140 (175, 210, 250) m aprox.
* Color B: 1 ovillo azul claro, 20 (25, 30, 35) m aprox.
* Aguja con ojo grande

**Ganchillo:**

Del n.º I-9 USA/5,5 mm o del tamaño adecuado para la muestra del cuerpo

**Muestra de orientación:**

12 p. y 11 v. = 10 cm con el motivo.

**Notas:**

Al tejer el motivo, procurar hacer p.b. en cada p.a. y p.a. en cada p.b. de la v. anterior.

El cuerpo se teje en v. seguidas en redondo hasta la sisa. Luego se divide la pieza en delanteros y espalda, que se tejen por separado, ida y vuelta, hasta los hombros.

Para cambiar de color, tejer el último punto con el color antiguo hasta echar la última hebra; echar la hebra con el nuevo color y sacarla por todas las presillas del ganchillo para completar el punto. Rematar el color antiguo.

## Cuerpo

Con B, 60 (68, 72, 80) cad. flojas. Procurando no retorcer la cad., unir con p.r. a la primera cad. para formar un anillo.

**1.ª v.:** 1 cad., p.b. en cada cad. hasta el final; unir con p.r. al primer p.b., 1 cad., girar = 60 (68, 72, 80) p.

**2.ª y 3.ª v.:** p.b. en cada p. hasta el final; cambiar a A en el últ. p. de la 3.ª v., unir con p.r. al primer p.b., 1 cad., girar.

**4.ª v.:** *p.b. en el p. sig., p.a. en el p. sig.; rep. desde * hasta el final; unir con p.r. al primer p.b., 1 cad., girar.

Rep. la 4.ª v. hasta que la pieza mida 18 (19, 20,5, 21,5) cm desde el ppio. Rematar.

## Espalda

**1.ª v.:** saltar los 3 (4, 4, 5) primeros p. del cuerpo, unir la hebra con p.r. en el p. sig.; empezando en el mismo p. de unión, p.b. en cada p.a. y p.a. en cada p.b. en los 24 (26, 28, 30) p. sig., 1 cad., girar; dejar los demás p. sin tejer para las sisas y el delantero = 24 (26, 28, 20) p.

**2.ª v.:** p.b. en cada p.a. y p.a. en cada p.b. hasta el final, 1 cad., girar. Rep. la 2.ª v. hasta que la espalda mida 10 (11,5, 12,5, 14) cm. Rematar.

## Delantero

**1.ª v.:** saltar los 6 (8, 8, 10) p. del cuerpo sin trabajar después de la espalda, unir A con p.r. en el p. sig.; empezando en el mismo p. de unión, p.b. en cada p.a. y p.a. en cada p.b. en los 24 (26, 28, 30) p. sig., 1 cad., girar; dejar los demás p. sin tejer para la sisa = 24 (26, 28, 30) p.

## Primera mitad del delantero

**2.ª v.:** p.b. en cada p.a. y p.a. en cada p.b. en los 12 (13, 14, 15) primeros p., 1 cad., girar; dejar los demás p. sin tejer para la otra mitad del delantero = 12 (13, 14, 15) p.

**3.ª v.:** 2 p.b.j., p.b. en cada p.a. y p.a. en cada p.b. hasta el final, 1 cad., girar = 11 (12, 13, 14) p.

**4.ª v.:** p.b. en cada p.a. y p.a. en cada p.b. hasta los 2 últ. p., 2 p.b.j., 1 cad., girar = 10 (11, 12, 13) p.

Rep. las 2 últ. v. otras 1 (2, 2, 2) veces más = 8 (7, 8, 9) p.

Rep. la 3.ª v. 1 (0, 0, 0) vez más = 7 (7, 8, 9) p.

**V. sig.:** p.b. en cada p.a. y p.a. en cada p.b. hasta el final, 1 cad., girar.

Rep. esta últ. v. hasta que la primera mitad del delantero mida lo mismo que la espalda. Rematar.

## Segunda mitad del delantero

**2.ª v.:** unir la hebra con p.r. al sig. p. dejado en espera después de la primera mitad del delantero; empezando en el mismo p. de unión, p.b. en cada p.a. y p.a. en cada p.b. hasta el final, 1 cad., girar = 12 (13, 14, 15) p.

**3.ª v.:** p.b. en cada p.a. y p.a. en cada p.b. hasta los 2 últ. p., 2 p.b.j., 1 cad., girar = 11 (12, 13, 14) p.

**4.ª v.:** 2 p.b.j., p.b. en cada p.a. y p.a. en cada p.b. hasta el final, 1 cad., girar = 10 (11, 12, 13) p.

Rep. las 2 últ. v. 1 (2, 2, 2) veces más = 8 (7, 8, 9) p.

Rep. la 3.ª v. 1 (0, 0, 0) vez más = 7 (7, 8, 9) p.

**V. sig.:** p.b. en cada p.a. y p.a. en cada p.b. hasta el final, 1 cad., girar.

Rep. esta últ. v. hasta que la mitad del delantero mida lo mismo que la espalda. Rematar.

## Acabado

Hacer las costuras de los hombros. Entretejer los cabos.

## Adorno

Enhebrar en la aguja una hebra doble de B y pasar por los p. de la 6.ª v., por encima de un p. y por debajo del sig., hasta el final. Cortar la hebra y entretejer los cabos. Rep. en las v. 8.ª y 10.ª. Entretejer los cabos.

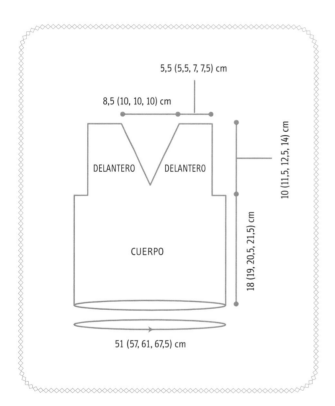

✳ Mantas ✳

" A todos los bebés les encantan las mantas. ¡Hay incluso algunos que las quieren tanto que se resisten a desprenderse de ellas hasta para lavarlas! Mi sobrino estaba tan apegado a la suya que mi hermana, después de lavar la manta, tenía que tenderla en una cuerda dentro de casa para que el niño se pudiera sentar debajo de ella y agarrarla.

Las mantas son también uno de los proyectos más fáciles de tejer a ganchillo porque no llevan formas. Esto significa que se les puede añadir un borde de color o unas rayas y continuan siendo una labor fácil y rápida.

Todas las mantas de esta sección se tejen con un motivo sencillo y con hilo de grosor mediano para que sean rápidas de hacer. A la primera manta, las rayas le dan un toque muy elegante y la última manta lleva un bonito borde ancho que le proporciona un aspecto más moderno.

La otra manta de este apartado está tejida en blanco, con un borde estrecho en azul y un ligero adorno en forma de rayas que se hacen pasando el hilo como en una bastilla. Podría ser divertido hacer cada raya de un color.

Cualquiera que sea la manta elegida, sin duda hará feliz a ese bebé tan especial. "

# Manta de rayas rosas

Fácil ✳ ✳ ✳ ✳

**Tamaños:**

Tamaño único

**Medidas finales:**

70 x 75 cm

**Materiales:**

* Hilo de grosor mediano (④), 100 g (160 m aprox.)
* Color A: 2 ovillos marfil, 300 m aprox.
* Color B: 2 ovillos rosa, 300 m aprox.
* Aguja con ojo grande

**Ganchillo:**

Del n.º I-9 USA/5,5 mm o del tamaño adecuado para la muestra

**Muestra de orientación:**

12 p. y 11 v. = 10 cm con el motivo.

**Notas:**

Para cambiar de color, tejer el último punto con el color antiguo hasta echar la última hebra; echar la hebra con el nuevo color y sacarla por todas las presillas del ganchillo para completar el punto. Rematar el color antiguo.

## Manta

Con A, 85 cad.

**1.ª v.:** p.b. en la 2.ª cad. a partir del ganchillo y en cada cad. hasta el final, 1 cad., girar = 84 p.

**2.ª a 5.ª v.:** *p.b. en el p. sig., p.a. en el p. sig.; rep. desde * hasta el final, 1 cad., girar, cambiar a B en el últ. p. de la 5.ª v.

**6.ª a 9.ª v.:** *p.b. en el p. sig., p.a. en el p. sig.; rep. desde * hasta el final, 1 cad., girar, cambiar a A en el últ. p. de la 9.ª v.

Rep. las v. 2.ª a 9.ª hasta que la manta mida 75 cm; cambiar a B en el últ. p. de la últ. v. No rematar.

## Acabado

### Borde

**1.ª v.:** con B, 1 cad., p.b. a espacios regulares todo alrededor del borde, haciendo 2 p.b. en las esquinas; unir con p.r. al primer p.b., 1 cad., girar.

Rematar. Entretejer los cabos.

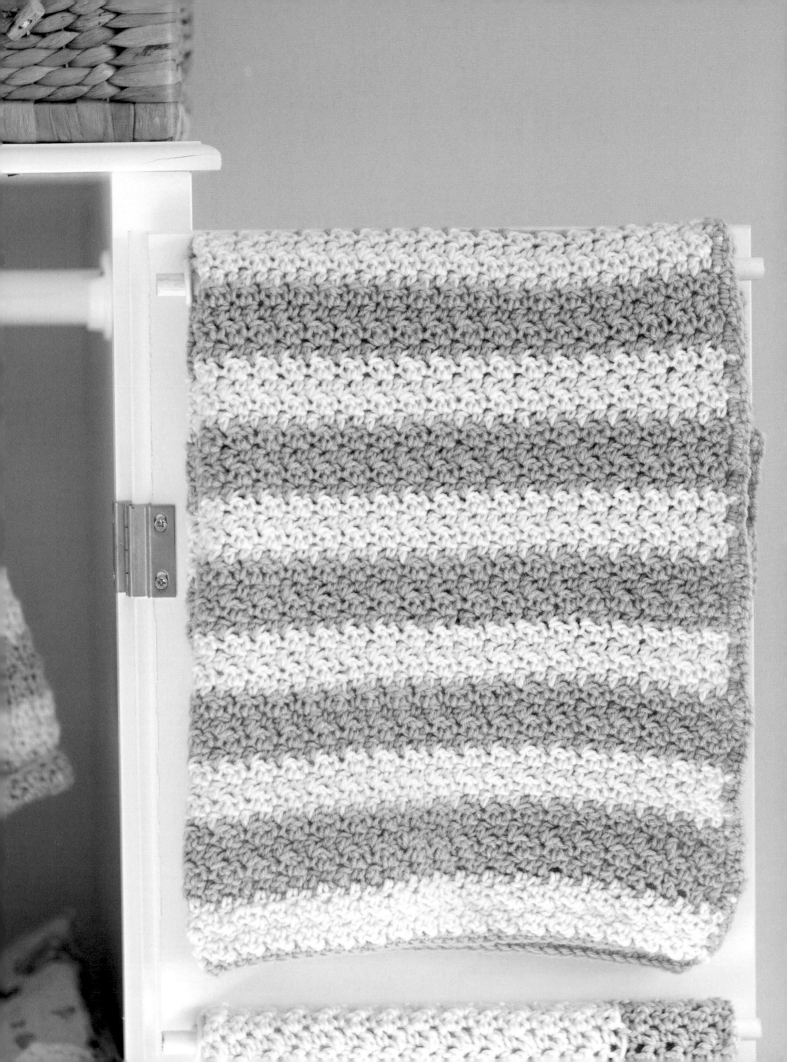

# Manta blanca y azul

Fácil ✴ ✴ ✧ ✧

**Tamaños:**

Tamaño único

**Medidas finales:**

65 x 70 cm

**Materiales:**

- Hilo de grosor mediano (4), 100 g (160 m aprox.)
- Color A: 3 ovillos marfil, 455 m aprox.
- Color B: 1 ovillo azul claro, 75 m aprox.
- Aguja con ojo grande

**Ganchillo:**

Del n.º I-9 USA/5,5 mm o del tamaño adecuado para la muestra

**Muestra de orientación:**

12 p. y 11 v. = 10 cm con el motivo.

## Manta

Con A, 79 cad.

**1.ª v.:** p.b. en la 2.ª cad. a partir del ganchillo y en cada cad. hasta el final, 1 cad., girar = 78 p.

**2.ª v.:** *p.b. en el p. sig., p.a. en el p. sig.; rep. desde * hasta el final, 1 cad., girar.

Rep. la 2.ª v. hasta que la pieza mida 70 cm, cambiar a B en el últ. p. de la últ. v. No rematar.

## Acabado

### Borde

**1.ª v.:** con B, 1 cad., p.b. a espacios regulares todo alrededor del borde, haciendo 2 p.b. en las esquinas; unir con p.r. al primer p.b., 1 cad., girar.

## Adorno

Enhebrar en la aguja con ojo grande una hebra doble de B y pasarla por los p. de la 3.ª v., por encima de un p. y por debajo del sig., hasta arriba. Cortar la hebra y entretejer los cabos. Rep. cada 8 v. aprox. terminando a 2 o 3 v. del borde del otro lado. Entretejer los cabos.

# Manta blanca y verde

**Tamaños:**

Tamaño único

**Medidas finales:**

70 x 75 cm

**Materiales:**

* Hilo de grosor mediano (4), 100 g (160 m aprox.)
* Color A: 2 ovillos marfil, 325 m aprox.
* Color B: 2 ovillos verde claro, 275 m aprox.
* Aguja con ojo grande

**Ganchillo:**

Del n.º I-9 USA/5,5 mm o del tamaño adecuado para la muestra

**Muestra de orientación:**

12 p. y 11 v. = 10 cm con el motivo.

## Manta

Con A, 67 cad.

**1.ª v.:** p.b. en la 2.ª cad. a partir del ganchillo y en cada cad. hasta el final, 1 cad., girar = 66 p.

**2.ª v.:** *p.b. en el p. sig., p.a. en el p. sig.; rep. desde * hasta el final, 1 cad., girar.

Rep. la 2.ª v. hasta que la pieza mida 60 cm, cambiar a B en el últ. p. de la últ. v. No rematar.

## Acabado

### Borde

**1.ª v.:** con B, 1 cad., p.b. a espacios regulares todo alrededor del borde, haciendo 3 p.b. en las esquinas; unir con p.r. al primer p.b., 1 cad., girar. **Nota:** para que quede mejor, asegurarse de que entre las esquinas quede un número de p. impar.

**2.ª v.:** *p.b. en el p. sig., p.a. en el p. sig.; rep. desde * hasta el final, haciendo 3 p.b. en el p.b. central de los 3 p.b. de las esquinas; unir con p.r. al primer p.b.

Rep. la 2.ª v. hasta que el borde mida unos 7,5 cm. Rematar. Entretejer los cabos.

Gorros

**66** Es importante mantener caliente la cabeza del bebé, aunque él no siempre esté de acuerdo. Nunca se tienen suficientes gorros, por eso no hay que dudar en hacerlos de todos los colores.

El primer gorro no puede ser más sencillo ni más rápido. Se teje en redondo y lleva unas rayas fáciles de hacer.

El segundo gorro se teje muy parecido al primero, pero con orejeras. A este también se le pueden añadir rayas.

Los gorros son el proyecto perfecto para que cada uno añada su toque personal, ya sea variando los colores o combinándolos. ¡La elección depende de ti! **99**

# Gorro de rayas azul y blanco

**Fácil** ✹ ✹ ✸ ✸

**Tallas:**

Talla única

**Medidas finales:**

Contorno de cabeza: 45,5 cm; el gorro cede y se ajusta a varias tallas

**Materiales:**

* Hilo de grosor mediano (4), 100 g (160 m aprox.)
* Color A: 1 ovillo azul, 85 m aprox.
* Color B: 1 ovillo marfil, 85 m aprox.
* Aguja con ojo grande

**Ganchillo:**

Del n.º I-9 USA/5,5 mm o del tamaño adecuado para la muestra

**Muestra de orientación:**

12 p. = 10 cm a punto medio.

**Notas:**

El gorro se teje en redondo, en vueltas seguidas, siempre por el der.lab. No girar al final de las vueltas.

Para cambiar de color, tejer el último punto con el color antiguo hasta echar la última hebra; echar la hebra con el nuevo color y sacarla por todas las presillas del ganchillo para completar el punto. Rematar el color antiguo.

## Gorro

Con A, 4 cad.; unir con p.r. a la primera cad. para formar un anillo.

**1.ª v.:** hacer 8 p.m. en el anillo; unir con p.r. al primer p.m., 1 cad., no girar = 8 p.m.

**2.ª v.:** hacer 2 p.m. en cada p. hasta el final; unir con p.r. al primer p.m., 1 cad. = 16 p.m.

**3.ª v.:** (2 p.m. en el p. sig., p.m. en el p. sig.) 8 veces; unir con p.r. al primer p.m., 1 cad. = 24 p.m.

**4.ª v.:** (2 p.m. en el p. sig., p.m. en los 2 p. sig.) 8 veces, cambiar a B en el últ. p.; unir con p.r. al primer p.m., 1 cad. = 32 p.m.

**5.ª v.:** con B, (2 p.m. en el p. sig., p.m. en los 3 p. sig.) 8 veces; unir con p.r. al primer p.m., 1 cad. = 40 p.m.

**6.ª v.:** con B, (2 p.m. en el p. sig., p.m. en los 4 p. sig.) 8 veces; unir con p.r. al primer p.m., 1 cad. = 48 p.m.

**7.ª v.:** con B, (2 p.m. en el p. sig., p.m. en los 5 p. sig.) 8 veces, cambiar a A en el últ. p.; unir con p.r. al primer p.m., 1 cad. = 56 p.m.

**8.ª a 10.ª v.:** con A, p.m. en cada p. hasta el final; unir con p.r. al primer p.m., 1 cad.; cambiar a B en el últ. p. de la 10.ª v.

**11.ª a 13.ª v.:** con B, p.m. en cada p. hasta el final; unir con p.r. al primer p.m., 1 cad.; cambiar a A en el últ. p. de la 13.ª v.

**14.ª a 19.ª v.:** rep. las v. 8.ª a 13.ª.

Rematar.

## Acabado

Entretejer los cabos.

# Gorro con orejeras

**Fácil** ✷ ✷ ✧ ✧

**Tallas:**

Talla única

**Medidas finales:**

Contorno de cabeza: 45,5 cm; el gorro cede y se ajusta a varias tallas

**Materiales:**

* ✷ Hilo de grosor mediano (**4**), 100 g (160 m aprox.)
* ✷ Color A: 1 ovillo marfil, 155 m aprox.
* ✷ Color B: 1 ovillo rosa, 10 m aprox.
* ✷ Aguja con ojo grande

**Ganchillo:**

Del n.º I-9 USA/5,5 mm o del tamaño adecuado para la muestra

**Muestra de orientación:**

12 p. = 10 cm a punto medio.

**Notas:**

El gorro se teje en redondo, en vueltas seguidas, siempre por el der.lab. No girar al final de las vueltas.

## Gorro

Con A, 4 cad.; unir con p.r. a la primera cad. para formar un anillo.

**1.ª v.:** hacer 8 p.m. en el anillo; unir con p.r. al primer p.m., 1 cad., no girar = 8 p.m.

**2.ª v.:** hacer 2 p.m. en cada p. hasta el final; unir con p.r. al primer p.m., 1 cad. = 16 p.m.

**3.ª v.:** (2 p.m. en el p. sig., p.m. en el p. sig.) 8 veces; unir con p.r. al primer p.m., 1 cad. = 24 p.m.

**4.ª v.:** (2 p.m. en el p. sig., p.m. en los 2 p. sig.) 8 veces; unir con p.r. al primer p.m., 1 cad. = 32 p.m.

**5.ª v.:** (2 p.m. en el p. sig., p.m. en los 3 p. sig.) 8 veces; unir con p.r. al primer p.m., 1 cad. = 40 p.m.

**6.ª v.:** (2 p.m. en el p. sig., p.m. en los 4 p. sig.) 8 veces; unir con p.r. al primer p.m., 1 cad. = 48 p.m.

**7.ª v.:** (2 p.m. en el p. sig., p.m. en los 5 p. sig.) 8 veces; unir con p.r. al primer p.m., 1 cad. = 56 p.m.

**8.ª a 15.ª v.:** 1 cad., p.m. en cada p. hasta el final; unir con p.r. al primer p.m.

Rematar. Este será el centro de la espalda del gorro.

## Orejeras

### Primera orejera

**1.ª v. (der.lab.):** saltar 6 p. después de la costura del centro de la espalda del gorro, unir la hebra con p.b. en el p. sig., p.b. en los 10 p. sig.; dejar los demás p. sin tejer, 1 cad., girar = 11 p.

**2.ª v.:** 2 p.b.j., p.b. en cada p. hasta los 2 últ. p., 2 p.b.j., 1 cad., girar = 9 p.

**3.ª v.:** p.b. en cada p. hasta el final, 1 cad., girar.

**4.ª a 9.ª v.:** rep. las v. 3.ª y 4.ª otras 3 veces. Quedan 3 p. Rematar.

### Segunda orejera

**1.ª v. (der.lab.):** saltar los 22 p. sig. dejados sin trabajar (para el delantero del gorro) después de la primera orejera, unir la hebra con p.b. en el p. sig., p.b. en los 10 p. sig.; dejar los demás p. sin tejer, 1 cad., girar = 11 p.b.

**2.ª a 9.ª v.:** tejer igual que las v. 2.ª a 9.ª de la primera orejera. Rematar.

## Acabado

Unir B con p.b. en el borde del centro de la espalda, p.b. en los 5 p.b. sig., *tejer 2 p.b.j. en la esquina donde empieza la orejera, p.b. a espacios regulares siguiendo por el borde de la orejera hasta el p. central de la últ. v., 25 cad., p.b. en la 2.ª cad. a partir del ganchillo y en cada cad. hasta el final, p.b. a espacios regulares siguiendo por el otro borde de la orejera, hacer 2 p.b.j. en la esquina donde termina la orejera**, p.b. en cada p. hasta llegar a la otra orejera; rep. desde * hasta **, p.b. en cada p. hasta el final; unir con p.r. al primer p.b. Rematar. Entretejer los cabos.

# ✺ Patucos ✺

" No hay nada tan gracioso como los pequeños pies de un bebé y siempre me ha gustado hacer patucos que los mantuvieran calientes y confortables. Estas botas también son una de esas labores estupendas para una presentación de bebé porque se tejen rápidamente, se pueden hacer de cualquier color y todos los bebés las necesitan. Los patucos tejidos a mano provocarán exclamaciones de admiración.

Los tres pares de patucos se tejen siguiendo el mismo estilo básico, con una ligera variación en los colores y en la parte de arriba. Los patucos azules llevan un puño elástico de color contrastado y solo una raya por encima de la suela.

Cambiando el estilo, los patucos rosas están rematados con un borde de ondas caladas y los patucos blancos y verdes se tejen con la suela de un color contrastado y el puño abierto.

Se puede hacer un modelo o todos. Los patucos son una solución perfecta para mantener abrigados esos pequeños dedos de los pies. "

# Patucos azules y blancos

**Fácil** ✹ ✹ ✸ ✸

**Tallas:**

De 6 a 12 meses

**Medidas finales:**

Largo de pie: 11 cm

**Materiales:**

* Hilo de grosor mediano (**4**), 100 g (160 m aprox.)
* Color A: 1 ovillo azul, 130 m aprox.
* Color B: 1 ovillo marfil, 85 m aprox.
* Marcador de puntos
* Aguja con ojo grande

**Ganchillo:**

Del n.º G-6 USA/4 mm o del tamaño adecuado para la muestra

**Muestra de orientación:**

14 p. = 10 cm a punto bajo.

**Notas:**

Los patucos se tejen en vueltas continuas, siempre por el der. lab. No unir las vueltas y no girar al final de las vueltas.
Para cambiar de color, tejer el último punto con el color antiguo hasta echar la última hebra; echar la hebra con el nuevo color y sacarla por todas las presillas del ganchillo para completar el punto. Rematar el color antiguo.

## Patuco (hacer 2)

Empezando por la suela del patuco, con A, 13 cad.

**1.ª v.:** p.b. en la 2.ª cad. a partir del ganchillo, p.b. en las 8 cad. sig., p.m. en la cad. sig., 2 p.m. en la cad. sig., 3 p.m. en la últ. cad.; girar para tejer por el otro lado de la cad. de base: 2 p.m. en la cad. sig., p.m. en la cad. sig., p.b. en las 8 cad. sig., 2 p.b. en la últ. cad. = 28 p. Poner marc. en el últ. p. tejido para indicar el final de la v. Desplazar el marc. al completar cada v.

**2.ª v.:** 2 p.b. en el p. sig., p.b. en los 10 p. sig., (2 p.b. en el p. sig., p.b. en el p. sig.) 3 veces, p.b. en los 10 p. sig., 2 p.b. en el últ. p. = 33 p.

**3.ª v.:** 2 p.b. en el p. sig., p.b. en los 11 p. sig., (2 p.b. en el p. sig., p.b. en el p. sig.) 4 veces, p.b. en los 12 p. sig., 2 p.b. en el últ. p. = 39 p.

**4.ª v.:** tejiendo solo en las pres. traseras, p.b. en cada p. hasta el final; cambiar a B en el últ. p.

**5.ª v.:** p.b. en cada p.b. hasta el final; cambiar a A en el últ. p.

**6.ª v.:** p.b. en los 14 p. sig., (2 p.b.j., p.b. en el p. sig.) 4 veces, p.b. en los 13 últ. p. = 35 p.

**7.ª v.:** p.b. en los 13 p. sig., (2 p.b.j.) 5 veces, p.b. en los 12 últ. p. = 30 p.

**8.ª v.:** p.b. en los 12 p. sig., p.m. en los 2 p. sig., 2 p.m.j., p.m. en los 2 p. sig., p.b. en los 12 últ. p. = 29 p.

Tejer ahora ida y vuelta para dar forma al empeine del patuco.

**9.ª v.:** p.b. en los 11 p. sig., p.m. en los 2 p. sig., 2 p.m.j., p.m. en los 2 p. sig., p.b. en el p. sig., p.r. en el p. sig., 1 cad., girar = 17 p. (sin contar el p.r.).

**10.ª v.:** saltar el p.r., p.b. en el p. sig., (2 p.m.j.) 2 veces, p.b. en el p. sig., p.r. en el p. sig., 1 cad., girar = 4 p. (sin contar el p.r.). Tejer ahora de nuevo en redondo.

**11.ª v.:** saltar el p.r., (2 p.m.j.) 2 veces, p.b. a espacios regulares hasta el final de la v. (hasta el marc.); cambiar a B en el últ. p.

**12.ª v.:** p.b. en cada p. hasta el final. Rematar.

## Elástico

Con B, 7 cad.

**1.ª v.:** p.b. en la 2.ª cad. a partir del ganchillo y en las 5 cad. sig., 1 cad., girar = 6 p.b.

**2.ª v.:** tejiendo solo por las pres. delanteras, p.b. en cada p.b. hasta el final, 1 cad., girar.

**3.ª v.:** tejiendo solo por las pres. delanteras, p.b. en cada p.b. hasta el final, 1 cad., girar.

Rep. las v. 2.ª y 3.ª hasta tener en total 24 v. Rematar, dejando una hebra larga.

## Acabado

Coser el elástico alrededor del borde de arriba del patuco. Coser los extremos del elástico. Entretejer los cabos.

# Patucos rosas y blancos

**Fácil** ✳ ✳ ☼ ☼

**Tallas:**

De 6 a 12 meses

**Medidas finales:**

Largo de pie: 11 cm

**Materiales:**

* Hilo de grosor mediano (**4**), 100 g (160 m aprox.)
* Color A: 1 ovillo rosa, 155 m aprox.
* Color B: 1 ovillo marfil, 40 m aprox.
* Marcador de puntos
* Aguja con ojo grande

**Ganchillo:**

Del n.º G-6 USA/4 mm o del tamaño adecuado para la muestra

**Muestra de orientación:**

14 p. = 10 cm a punto bajo.

**Notas:**

Los patucos se tejen en vueltas continuas, siempre por el der. lab. No unir las vueltas y no girar al final de las vueltas. Para cambiar de color, tejer el último punto con el color antiguo hasta echar la última hebra; echar la hebra con el nuevo color y sacarla por todas las presillas del ganchillo para completar el punto. Rematar el color antiguo.

## Patuco (hacer 2)

Empezando por la suela del patuco, con A, 13 cad.

**1.ª v.:** p.b. en la 2.ª cad. a partir del ganchillo, p.b. en las 8 cad. sig., p.m. en la cad. sig., 2 p.m. en la cad. sig., 3 p.m. en la últ. cad.; girar para tejer por el otro lado de la cad. de base: 2 p.m. en la cad. sig., p.m. en la cad. sig., p.b. en las 8 cad. sig., 2 p.b. en la últ. cad. = 28 p. Poner marc. en el últ. p. tejido para indicar el final de la v. Desplazar el marc. al completar cada v.

**2.ª v.:** 2 p.b. en el p. sig., p.b. en los 10 p. sig., (2 p.b. en el p. sig., p.b. en el p. sig.) 3 veces, p.b. en los 10 p. sig., 2 p.b. en el últ. p. = 33 p.

**3.ª v.:** 2 p.b. en el p. sig., p.b. en los 11 p. sig., (2 p.b. en el p. sig., p.b. en el p. sig.) 4 veces, p.b. en los 12 p. sig., 2 p.b. en el últ. p. = 39 p.

**4.ª v.:** tejiendo solo en las pres. traseras, p.b. en cada p. hasta el final; cambiar a B en el últ. p.

**5.ª v.:** p.b. en cada p.b. hasta el final; cambiar a A en el últ. p.

**6.ª v.:** p.b. en los 14 p. sig., (2 p.b.j., p.b. en el p. sig.) 4 veces, p.b. en los 13 últ. p.; cambiar a B en el últ. p. = 35 p.

**7.ª v.:** p.b. en los 13 p. sig., (2 p.b.j.) 5 veces, p.b. en los 12 últ. p.; cambiar a A en el últ. p. = 30 p.

**8.ª v.:** p.b. en los 12 p. sig., p.m. en los 2 p. sig., 2 p.m.j., p.m. en los 2 p. sig., p.b. en los 12 últ. p. = 29 p.

Tejer ahora ida y vuelta para dar forma al empeine del patuco.

**9.ª v.:** p.b. en los 11 p. sig., p.m. en los 2 p. sig., 2 p.m.j., p.m. en los 2 p. sig., p.b. en el p. sig., p.r. en el p. sig., 1 cad., girar = 17 p. (sin contar el p.r.).

**10.ª v.:** saltar el p.r., p.b. en el p. sig., (2 p.m.j.) 2 veces, p.b. en el p. sig., p.r. en el p. sig., 1 cad., girar = 4 p. (sin contar el p.r.).

Tejer ahora de nuevo en redondo.

**11.ª v.:** saltar el p.r., (2 p.m.j.) 2 veces, p.b. a espacios regulares hasta el final de la v. (hasta el marc.); cambiar a B en el últ. p.

**12.ª v.:** p.b. en cada p. hasta el final. **Nota:** para que quede mejor, asegurarse de tener un número de p. par. Rematar.

## Puño de ondas

**1.ª v.:** *3 cad., saltar el p. sig., p.b. en el p. sig.; rep. desde * hasta el últ. p., 3 cad., saltar el últ. p., unir con p.r. a la base de las 3 cad. del ppio. Rematar.

## Acabado

Entretejer los cabos.

# Patucos blancos y verdes

**Fácil** ✸ ✸ ✷ ✷

**Tallas:**

De 6 a 12 meses

**Medidas finales:**

Largo de pie: 11 cm

**Materiales:**

* Hilo de grosor mediano (**4**), 100 g (160 m aprox.)
* Color A: 1 ovillo verde claro, 80 m aprox.
* Color B: 1 ovillo marfil, 130 m aprox.
* Aguja con ojo grande

**Ganchillo:**

Del n.º G-6 USA/4 mm o del tamaño adecuado para la muestra

**Muestra de orientación:**

14 p. = 10 cm a punto bajo.

**Notas:**

Los patucos se tejen en vueltas continuas, siempre por el der. lab. No unir las vueltas y no girar al final de las vueltas. Para cambiar de color, tejer el último punto con el color antiguo hasta echar la última hebra; echar la hebra con el nuevo color y sacarla por todas las presillas del ganchillo para completar el punto. Rematar el color antiguo.

## Patuco (hacer 2)

Empezando por la suela del patuco, con A, 13 cad.

**1.ª v.:** p.b. en la 2.ª cad. a partir del ganchillo, p.b. en las 8 cad. sig., p.m. en la cad. sig., 2 p.m. en la cad. sig., 3 p.m. en la últ. cad.; girar para tejer por el otro lado de la cad. de base: 2 p.m. en la cad. sig., p.m. en la cad. sig., p.b. en las 8 cad. sig., 2 p.b. en la últ. cad. = 28 p. Poner marc. en el últ. p. tejido para indicar el final de la v. Desplazar el marc. al completar cada v.

**2.ª v.:** 2 p.b. en el p. sig., p.b. en los 10 p. sig., (2 p.b. en el p. sig., p.b. en el p. sig.) 3 veces, p.b. en los 10 p. sig., 2 p.b. en el últ. p. = 33 p.

**3.ª v.:** 2 p.b. en el p. sig., p.b. en los 11 p. sig., (2 p.b. en el p. sig., p.b. en el p. sig.) 4 veces, p.b. en los 12 p. sig., 2 p.b. en el últ. p. = 39 p.

**4.ª v.:** tejiendo solo en las pres. traseras, p.b. en cada p. hasta el final; cambiar a B en el últ. p.

**5.ª v.:** p.b. en cada p.b. hasta el final.

**6.ª v.:** p.b. en los 14 p. sig., (2 p.b.j., p.b. en el p. sig.) 4 veces, p.b. en los 13 últ. p. = 35 p.

**7.ª v.:** p.b. en los 13 p. sig., (2 p.b.j.) 5 veces, p.b. en los 12 últ. p. = 30 p.

**8.ª v.:** p.b. en los 12 p. sig., p.m. en los 2 p. sig., 2 p.m.j., p.m. en los 2 p. sig., p.b. en los 12 últ. p. = 29 p.

Tejer ahora ida y vuelta para dar forma al empeine del patuco.

**9.ª v.:** p.b. en los 11 p. sig., p.m. en los 2 p. sig., 2 p.m.j., p.m. en los 2 p. sig., p.b. en el p. sig., p.r. en el p. sig., 1 cad., girar = 17 p. (sin contar el p.r.).

**10.ª v.:** saltar el p.r., p.b. en el p. sig., (2 p.m.j.) 2 veces, p.b. en el p. sig., p.r. en el p. sig., 1 cad., girar = 4 p. (sin contar el p.r.).

Tejer ahora de nuevo en redondo.

**11.ª v.:** saltar el p.r., (2 p.m.j.) 2 veces, p.b. a espacios regulares hasta el final de la v. (hasta el marc.).

**12.ª v.:** p.b. en cada p. hasta el final. **Nota:** el últ. p. tejido debe quedar por detrás del patuco (talón). Rematar.

## Puño

El puño se teje ida y vuelta.

**1.ª v.:** p.m. en los 12 primeros p., 1 cad., girar.

**2.ª v.:** p.m. en los 24 primeros p., 1 cad., girar = 24 p.

**3.ª y 4.ª v.:** p.m. en cada uno de los 24 p., 1 cad., girar.

**5.ª v.:** p.m. en los 12 primeros p., p.r. en el p. sig. y cambiar a A, 1 cad., girar.

**V. de remate:** p.b. a espacios regulares todo alrededor del borde del patuco.

Rematar.

## Acabado

Entretejer los cabos.

# Manoplas

" Las manoplas de bebé resultan entrañables. Son la solución perfecta para mantener calientes y proteger sus manos.
Las manoplas resultan divertidas de tejer y se hacen en muy poco tiempo. He incluido unos mitones para cuando el bebé sea algo más mayor y pueda agarrar sus juguetes.

El modelo de manopla básica se teje en dos colores, con una raya muy marcada arriba o con rayas más estrechas repartidas. Para animar la pareja, se pueden variar o invertir los colores de una manopla a otra.

Los mitones abrigan las manos del bebé y al mismo tiempo le permiten utilizar sus dedos para investigar todo lo que le rodea. Son muy bonitos y estos se tejen en dos colores con un detalle de pasacintas. "

# Manoplas blancas y verdes

Fácil ✳ ✳ ✳ ✳

**Tallas:**

De 3 a 6 meses

**Medidas finales:**

Largo: 11 cm

**Materiales:**

* Hilo de grosor mediano (4), 100 g (160 m aprox.)
* Color A: 1 ovillo marfil, 90 m aprox.
* Color B: 1 ovillo verde claro, 60 m aprox.
* Marcador de puntos
* Aguja con ojo grande

**Ganchillo:**

Del n.º G-6 USA/4 mm o del tamaño adecuado para la muestra

**Muestra de orientación:**

14 p. y 16 v. = 10 cm a punto bajo.

**Notas:**

Para cambiar de color, tejer el último punto con el color antiguo hasta echar la última hebra; echar la hebra con el nuevo color y sacarla por todas las presillas del ganchillo para completar el punto. Rematar el color antiguo.

## Elástico

Con A, 7 cad.

P.b. en la 2.ª cad. a partir del ganchillo y en cada cad. hasta el final, 1 cad., girar = 6 p.

**2.ª a 20.ª v.:** p.b. en la pres. trasera de cada p. hasta el final, 1 cad., girar. No girar al final de la 20.ª v.

## Cuerpo

Seguir ahora en redondo.

Tejiendo por un borde largo del elástico, p.b. al final de cada v.; no unir, tejer en vueltas continuas = 20 p. Poner marc. al ppio. de la v. Desplazar el marc. al completar cada v.

(P.b. en los 4 p.b. sig., 2 p.b. en el p.b. sig.) 4 veces = 24 p.b.

P.b. en cada p.b. hasta el final.

P.b. en cada p.b. hasta el final; cambiar a B en el últ. p.

Con B, p.b. en cada p.b. hasta el final.

## Forma de arriba de la manopla

(2 p.b.j., p.b. en el p. sig.) 8 veces = 16 p.

(2 p.b.j., p.b. en el p. sig.) 5 veces, p.b. en el últ. p.b. = 11 p.

(2 p.b.j.) 5 veces, p.b. en el últ. p. = 6 p.

P.r. en el p. sig. Rematar, dejando una hebra larga. Pasar la hebra por los p. de la últ. v. y tirar de ella para fruncir. Entretejer la hebra firmemente.

## Acabado

Hacer la costura lateral del elástico. Entretejer los cabos.

# Manoplas blancas y azules

**Tallas:**

De 3 a 6 meses

**Medidas finales:**

Largo: 11 cm

**Materiales:**

* Hilo de grosor mediano (④), 100 g (160 m aprox.)
* Color A: 1 ovillo marfil, 85 m aprox.
* Color B: 1 ovillo azul claro, 80 m aprox.
* Marcador de puntos
* Aguja con ojo grande

**Ganchillo:**

Del n.º G-6 USA/4 mm o del tamaño adecuado para la muestra

**Muestra de orientación:**

14 p. y 16 v. = 10 cm a punto bajo.

**Notas:**

Para cambiar de color, tejer el último punto con el color antiguo hasta echar la última hebra; echar la hebra con el nuevo color y sacarla por todas las presillas del ganchillo para completar el punto. Rematar el color antiguo.

## Elástico

Con A, 7 cad.

**1.ª v.:** p.b. en la 2.ª cad. a partir del ganchillo y en cada cad. hasta el final, 1 cad., girar = 6 p.

**2.ª v.:** p.b. en la pres. trasera de cada p. hasta el final; cambiar a B en el últ. p., 1 cad., girar.

**3.ª v.:** con B, p.b. en la pres. trasera de cada p. hasta el final, 1 cad., girar.

**4.ª v.:** p.b. en la pres. trasera de cada p. hasta el final, cambiar a A en el últ. p., 1 cad., girar.

**5.ª v.:** con A, p.b. en la pres. trasera de cada p. hasta el final, 1 cad., girar.

**6.ª v.:** p.b. en la pres. trasera de cada p. hasta el final; cambiar a B en el últ. p., 1 cad., girar.

**7.ª a 18.ª v.:** rep. las v. 3.ª a 6.ª 3 veces.

**19.ª y 20.ª v.:** rep. las v. 3.ª y 4.ª.

Rematar B.

## Cuerpo

Seguir ahora en redondo.

**1.ª v. (der.lab.):** con A, tejiendo por un borde largo del elástico, p.b. al final de cada v. No unir, tejer en v. continuas = 20 p. Poner marc. al ppio. de la v. Desplazar el marc. al completar cada v.

**2.ª v.:** (p.b. en los 4 p.b. sig., 2 p.b. en el p.b. sig.) 4 veces = 24 p.

**3.ª v.:** p.b. en cada p.b. hasta el final; cambiar a B en el últ. p.

**4.ª a 6.ª v.:** con B, p.b. en cada p.b. hasta el final; cambiar a A en el últ. p. de la 6.ª v.

**7.ª a 9.ª v.:** con A, p.b. en cada p.b. hasta el final; cambiar a B en el últ. p. de la 9.ª v.

Rematar A.

## Forma de arriba de la manopla

**1.ª v. de menguado:** con B, (2 p.b.j., p.b. en el p. sig.) 8 veces = 16 p.

**2.ª v. de menguado:** (2 p.b.j., p.b. en el p. sig.) 5 veces, p.b. en el últ. p.b. = 11 p.

**3.ª v. de menguado:** (2 p.b.j.) 5 veces, p.b. en el últ. p.b. = 6 p. P.r. en el p. sig. Rematar, dejando una hebra larga. Pasar la hebra por los p. de la últ. v. y tirar de ella para fruncir. Entretejer la hebra firmemente.

## Acabado

Hacer la costura lateral del elástico.

# Mitones

Fácil ✹ ✹ ✹ ✹

**Talla:**

De 3 a 6 meses

**Medidas finales:**

Largo: 9 cm

**Materiales:**

* Hilo de grosor mediano (**4**), 100 g (160 m aprox.)
* Color A: 1 ovillo marfil, 35 m aprox.
* Color B: 1 ovillo rosa claro, 35 m aprox.
* Aguja con ojo grande

**Ganchillo:**

Del n.º G-6 USA/4 mm o del tamaño adecuado para la muestra

**Muestra de orientación:**

14 p. y 14 v. = 10 cm a punto bajo.

**Notas:**

Para cambiar de color, tejer el último punto con el color antiguo hasta echar la última hebra; echar la hebra con el nuevo color y sacarla por todas las presillas del ganchillo para completar el punto. Rematar el color antiguo.

## Puño

Con A, 18 cad. Procurando no retorcer la cad., unir con p.r. a la primera cad. para formar un anillo.

**1.ª v.:** 1 cad., p.b. en cada cad. hasta el final, unir con p.r. al primer p.b., 1 cad., girar = 18 p.

**2.ª cad.:** p.b. en cada p. hasta el final; unir con p.r. al primer p.b., 1 cad., girar.

## Motivo de color

**1.ª v.:** con A, p.b. en los 2 primeros p.; *cambiar a B, p.b. en los 2 p. sig., cambiar a A, p.b. en los 2 p. sig.; rep. desde * hasta el final, unir con p.r. al primer p.b., 1 cad., girar.

### Abertura para el pulgar

**2.ª v.:** con A, p.b. en los 2 primeros p.; *cambiar a B, p.b. en los 2 p. sig.; cambiar a A, p.b. en los 2 p. sig; rep. desde * hasta el final; cambiar a B en el últ. p., no unir, 1 cad., girar.

**3.ª y 4.ª v.:** con B, p.b. en los 2 primeros p.,*cambiar a A, p.b. en los 2 p. sig.; cambiar a B, p.b. en los 2 p. sig.; rep. desde * hasta el final; cambiar a A en el últ. p. de la 4.ª v., no unir, 1 cad., girar.

Volver a tejer ahora en redondo.

**5.ª y 6.ª v.:** con A, p.b. en los 2 primeros p.; *cambiar a B, p.b. en los 2 p. sig.; cambiar a A, p.b. en los 2 p. sig.; rep. desde * hasta el final, unir con p.r. al primer p.b., 1 cad., girar.

Rematar B.

**7.ª y 8.ª v.:** con A, p.b. en cada p. hasta el final; unir con p.r. al primer p.b.

Rematar A.

## Pasacintas

**1.ª v.:** por el der.lab. y tejiendo en las pres. libres del otro lado de la cad. de base, unir A con p.b. en cualquier cad., *1 cad., saltar la cad. sig., p.b. en la cad. sig.; rep. desde * hasta la últ. cad., 1 cad., saltar la cad. sig.; unir con p.r. al primer p.b., 1 cad., girar = 9 p.b. y 9 espacios de 1 cad.

**2.ª v.:** p.m. en cada p.b. y en cada espacio de 1 cad. hasta el final; unir con p.r. al primer p.

Rematar.

## Acabado

### Cordón de atar (hacer 2)

Con B, 41 cad.

**1.ª v.:** p.b. en la 2.ª cad. a partir del ganchillo y cada cad. hasta el final = 40 p.b. Rematar. Pasar cada cordón por el espacio de 1 cad. de uno de los pasacintas.

Entretejer los cabos.

✹ Extras para el bebé ✹

66 Ahora que se ha cubierto al bebé con las prendas básicas, incluida la manta en que se envuelve, ha llegado el momento de añadir unos extras.

Primero están los baberos. Se tejen en un punto sencillo, lisos, con un borde o con rayas y se terminan en unas pocas horas. Además, se hacen con un hilo lavable en lavadora para que el bebé pueda estar siempre limpio, sin preocuparse por las manchas.

Los bloques son blandos y a la medida de los dedos del bebé, además están llenos de color y tienen texturas divertidas. Son el juguete perfecto para llevar en el bolso.

Las chaquetas y la ropa menuda resulta difícil de mantener en las perchas, porque se escurre. Estos forros de percha son magníficos para que nada se caiga. Se tejen sin forma y pueden ser de rayas sencillas o con cambios de color intermedios.

Los paños para el baño son un regalo de última hora muy adecuado para un bebé. Se tejen en algodón, son suaves y absorbentes y se hacen en muy poco tiempo. Hay dos modelos distintos y varias combinaciones de color entre las que elegir. 99

# Babero de rayas azul y blanco

**Talla:**

Talla única

**Medidas finales:**

20 x 20 cm, sin incluir las tiras del cuello

**Materiales:**

* Algodón semifino (③), 100 g (224 m aprox.)
* Color A: 1 ovillo marfil, 55 m aprox.
* Color B: 1 ovillo azul, 55 m aprox.
* Color C: 1 ovillo verde claro, 15 m aprox.
* Un botón, de 2,5 mm Ø
* Aguja con ojo grande

**Ganchillo:**

Del n.º G-6 USA/4 mm o del tamaño adecuado para la muestra

**Muestra de orientación:**

14 p. = 10 cm con el motivo.

**Notas:**

El babero se teje desde el borde inferior hasta el escote.

Las tiras se tejen después y por separado.

Para tejer siguiendo el motivo, hacer p.b. en cada p.a. y p.a. en cada p.b. de la v. anterior.

Para cambiar de color, tejer el último punto con el color antiguo hasta echar la última hebra; echar la hebra con el nuevo color y sacarla por todas las presillas del ganchillo para completar el punto. Rematar el color antiguo.

## Babero

Con A, 29 cad.

**1.ª v.:** p.b. en la 2.ª cad. a partir del ganchillo, p.a. en la cad. sig., *p.b. en la cad. sig., p.a. en la cad. sig.; rep. desde * hasta el final = 28 p., 1 cad., girar.

**2.ª a 5.ª v.:** *p.b. en el p. sig., p.a. en el p. sig.; rep. desde * hasta el final, cambiar a B en el últ. p. de la 5.ª v., 1 cad., girar.

**6.ª a 9.ª v.:** con B, rep. 4 veces la 2.ª v.; cambiar a A en el últ. p. de la 9.ª v. Rep. 2 veces más las v. 2.ª a 9.ª.

Rep. 6 veces la 2.ª v.

La pieza deberá medir unos 20 cm desde el ppio. No rematar.

## Primera tira

**1.ª v.:** (p.b. en el p. sig., p.a. en el p. sig.) 2 veces, p.b. en el p. sig., 2 cad. (cuentan como primer p.a. de la v. sig.), girar; dejar los demás p. sin tejer para el escote y la otra tira = 5 p.

**2.ª v.:** saltar el primer p., (p.b. en el p. sig., p.a. en el p. sig.) 2 veces, 1 cad., girar.

**3.ª v.:** (p.b. en el p. sig., p.a. en el p. sig.) 2 veces, p.b. en el últ. p., 2 cad., girar.

Rep. estas 2 últ. v. hasta que la tira mida 10 cm.

**1.ª v. de ojal:** tejer los 2 primeros p., 2 cad., saltar el p. sig., seguir tejiendo los 2 últ. p. según el motivo.

**2.ª v. de ojal:** tejer los 2 primeros p. siguiendo el motivo, hacer 1 p. en el espacio de 2 cad., seguir tejiendo los 2 últ. p. según el motivo.

Seguir tejiendo según el motivo hasta que la tira mida 12,5 cm. Rematar.

## Segunda tira

**1.ª v.:** saltar los 18 p. sig. sin tejer después de la primera tira, unir B con p.r. al p.b. sig., 2 cad. (cuentan como primer p.a.), (p.b. en el p.a. sig., p.a. en el p.b. sig.) 2 veces, 1 cad., girar = 5 p.

**2.ª v.:** (p.b. en el p. sig., p.a. en el p. sig.) 2 veces, p.b. en el últ. p., 2 cad. (cuentan como primer p.a. de la v. sig.), girar.

**3.ª v.:** saltar el primer p., (p.b. en el p. sig., p.a. en el p. sig.) 2 veces, 1 cad., girar.

Rep. las 2 últ. v. hasta que la tira mida lo mismo que la primera. Rematar.

## Acabado

### Borde

**1.ª v.:** unir C con p.b. en cualquier p.b. del borde del babero, *p.b. en el p. sig. o en el final de v., 1 cad., saltar el p. sig. o el final de v., rep. desde * hasta el final, unir con p.r. al primer p.b.

**2.ª v.:** 1 cad., p.b. a espacios regulares todo alrededor, haciendo 2 p.b. en cada esquina; unir con p.r. al primer p.b. Rematar.

Coser el botón enfrentado con el ojal. Entretejer los cabos.

# Babero rosa

**Tallas:**

Talla única

**Medidas finales:**

20 x 20 cm, sin incluir las tiras del cuello

**Materiales:**

* Algodón semifino (3), 100 g (224 m aprox.)
* Color A: 1 ovillo rosa, 140 m aprox.
* Color B: 1 ovillo marfil, 15 m aprox.
* Un botón, de 2,5 mm Ø
* Aguja con ojo grande

**Ganchillo:**

Del n.º G-6 USA/4 mm o del tamaño adecuado para la muestra

**Muestra de orientación:**

14 p. = 10 cm con el motivo.

**Notas:**

El babero se teje desde el borde inferior hasta el escote.
Las tiras se tejen después por separado.
Para tejer siguiendo el motivo, hacer p.b. en cada p.a. y p.a. en cada p.b. de la v. anterior.

## Babero

Con A, 29 cad.

**1.ª v.:** p.b. en la 2.ª cad. a partir del ganchillo, p.a. en la cad. sig., *p.b. en la cad. sig., p.a. en la cad. sig.; rep. desde * hasta el final = 28 p., 1 cad., girar.

**2.ª v.:** *p.b. en el p. sig., p.a. en el p. sig.; rep. desde * hasta el final, 1 cad., girar.

Rep. la 2.ª v. hasta que la pieza mida 20 cm desde el ppio.
No rematar.

## Primera tira

**1.ª v.:** (p.b. en el p. sig., p.a. en el p. sig.) 2 veces, p.b. en el p. sig., 2 cad. (cuentan como primer p.a. de la v. sig.), girar; dejar los demás p. sin tejer para el escote y la otra tira = 5 p.

**2.ª v.:** saltar el primer p., (p.b. en el p. sig., p.a. en el p. sig.) 2 veces, 1 cad., girar.

**3.ª v.:** (p.b. en el p. sig., p.a. en el p. sig.) 2 veces, p.b. en el últ. p., 2 cad., girar.

Rep. estas 2 últ. v. hasta que la tira mida 12,5 cm. Rematar.

## Segunda tira

**1.ª v.:** saltar los 18 p. sig. sin tejer después de la primera tira, unir A con p.r. al primer p.b., 2 cad. (cuentan como primer p.a.), (p.b. en el p.a. sig., p.a. en el p.b. sig.) 2 veces, 1 cad., girar = 5 p.

**2.ª v.:** (p.b. en el p. sig., p.a. en el p. sig.) 2 veces, p.b. en el últ. p., 2 cad. (cuentan como primer p.a. de la v. sig.), girar.

**3.ª v.:** saltar el primer p., (p.b. en el p. sig., p.a. en el p. sig.) 2 veces, 1 cad., girar.

Rep. las 2 últ. v. hasta que la tira mida 10 cm.

**1.ª v. de ojal:** tejer los 2 primeros p. siguiendo el motivo, 2 cad., saltar el p. sig., seguir tejiendo los 2 últ. p. según el motivo.

**2.ª v. de ojal:** tejer los 2 primeros p. siguiendo el motivo, hacer 1 p. en el espacio de 2 cad., seguir tejiendo los 2 últ. p. según el motivo.

Seguir tejiendo según el motivo hasta que la tira mida lo mismo que la primera.
Rematar.

## Acabado

### Borde

Unir B con p.b. en cualquier p. del borde del babero, *p.b. en el p. sig. o en el final de la v. sig., 1 cad., saltar el p. sig. o el final de la v.; rep. desde * hasta el final, haciendo 2 p.b. en cada esquina; unir con p.r. al primer p.b. Rematar.

Coser el botón enfrentado con el ojal. Entretejer los cabos.

# Bloques

**Fácil** ✳ ✳ ✳ ✳

**Tamaños:**

Tamaño único

**Medidas finales:**

9 x 9 x 9 cm aprox.

**Materiales:**

* Hilo de grosor mediano (🅐), 100 g (160 m aprox.)
* Color A: 1 ovillo marfil, 140 m aprox.
* Color B: 1 ovillo azul intermedio, 110 m aprox.
* Color C: 1 ovillo verde claro, 110 m aprox.
* Color D: 1 ovillo rosa claro, 110 m aprox.
* Color E: 1 ovillo rosa intermedio, 90 m aprox.

* Aguja con ojo grande
* Gomaespuma de tapicería: 1 cubo de 7,5 cm

**Ganchillo:**

Del n.º I-9 USA/5,5 mm o del tamaño adecuado para la muestra

**Muestra de orientación:**

12 p. y 13 v. = 10 cm a p.b.

**Notas:**

Para cambiar de color, tejer el último punto con el color antiguo hasta echar la última hebra; echar la hebra con el nuevo color y sacarla por todas las presillas del ganchillo para completar el punto. Rematar el color antiguo.

## Cara de múltiples rayas (hacer 6)

Con B, 11 cad.

**1.ª v.:** p.b. en la 2.ª cad. a partir del ganchillo y en cada cad. hasta el final, 1 cad., girar = 10 p.b.

**2.ª v.:** p.b. en cada p.b. hasta el final, cambiar a A en el últ. p., 1 cad., girar.

**3.ª v.:** p.b. en cada p.b. hasta el final, 1 cad., girar.

**4.ª v.:** p.b. en cada p.b. hasta el final, cambiar a E en el últ. p., 1 cad., girar.

**5.ª v.:** p.b. en cada p.b. hasta el final, 1 cad., girar.

**6.ª v.:** p.b. en cada p.b. hasta el final, cambiar a D en el últ. p., 1 cad., girar.

**7.ª v.:** p.b. en cada p.b. hasta el final, 1 cad., girar.

**8.ª v.:** p.b. en cada p.b. hasta el final, cambiar a A en el últ. p., 1 cad., girar.

**9.ª v.:** p.b. en cada p.b. hasta el final, 1 cad., girar.

**10.ª v.:** p.b. en cada p.b. hasta el final, cambiar a C en el últ. p., 1 cad., girar.

**11.ª y 12.ª v.:** p.b. en cada p.b. hasta el final, 1 cad., girar. Rematar.

## Cara con triángulos (hacer 3)

**Nota:** hacer la primera cara con A y B, como se indica. Hacer la segunda cara sustituyendo B por C. Hacer la tercera cara sustituyendo B por D. Con B, 11 cad.

**1.ª v.:** p.b. en la 2.ª cad. a partir del ganchillo y en cada cad. hasta el final, 1 cad., girar = 10 p.

**2.ª v.:** p.b. en los 9 primeros p.; cambiar a A, p.b. en el últ. p., 1 cad., girar.

**3.ª v.:** p.b. en los 2 primeros p.; cambiar a B, p.b. en los 8 últ. p., 1 cad., girar.

**4.ª v.:** p.b. en los 7 primeros p.; cambiar a A, p.b. en los 3 últ. p., 1 cad., girar.

**5.ª v.:** p.b. en los 4 primeros p.; cambiar a B, p.b. en los 6 últ. p., 1 cad., girar.

**6.ª v.:** p.b. en los 5 primeros p.; cambiar a A, p.b. en los 5 últ. p., 1 cad., girar.

**7.ª v.:** p.b. en los 6 primeros p.; cambiar a B, p.b. en los 4 últ. p., 1 cad., girar.

**8.ª v.:** p.b. en los 3 primeros p.; cambiar a A, p.b. en los 7 últ. p., 1 cad., girar.

**9.ª v.:** p.b. en los 8 primeros p.; cambiar a B, p.b. en los 2 últ. p., 1 cad., girar.

**10.ª v.:** p.b. en el primer p.; cambiar a A, p.b. en los 9 últ. p., 1 cad., girar.

**11.ª y 12.ª v.:** con A, p.b. en cada p.b. hasta el final. Rematar.

## Cara con círculos (hacer 3)

**Nota:** la cara con círculos se teje en v. unidas, siempre por el der.lab. Hacer la primera cara con A y B como se indica. Hacer la segunda cara sustituyendo B por C. Hacer la tercera cara sustituyendo B por D. Con B, 2 cad.

**1.ª v. (der.lab.):** hacer 8 p.m. en la 2.ª cad. a partir del ganchillo, unir con p.r. al primer p.m., 1 cad.

**2.ª v.:** hacer 2 p.m. en cada p.m. hasta el final; unir con p.r. al primer p.m. = 16 p.m. Rematar B.

**3.ª v.:** por el der.lab., sacar 1 pres. de A en el primer p.m., 2 cad. (cuentan como p.m.), p.m. en los 2 p. sig., 3 p.m. en el p. sig., (p.m. en los 3 p. sig., 3 p.m. en el p. sig.) 3 veces, unir con p.r. al primer p.m., 1 cad. = 24 p.m.

**4.ª v.:** (p.m. en los 5 primeros p., 3 p.m. en el p. sig.) 4 veces; unir con p.r. al primer p.m. Rematar.

Con B, pasar una bastilla por la parte de arriba de los p. de la 3.ª v., alrededor del punto central.

## Cara con bodoques (hacer 3)

Con A, 11 cad.

**1.ª v.:** p.b. en la 2.ª cad. a partir del ganchillo y en cada cad. hasta el final, 1 cad., girar = 10 p.b.

**2.ª a 12.ª v.:** p.b. en cada p.b. hasta el final, 1 cad., girar. Rematar.

## Bodoques (hacer 4, uno de cada color: B, C, D y E)

4 cad., h., insertar el ganchillo en la 4.ª cad. a partir del ganchillo y sacar 1 pres., h. y sacarla por 2 pres. del ganchillo (quedan 2 pres. en el ganchillo), *h., insertar el ganchillo en la misma cad. y sacar 1 pres., h. y sacarla por 2 pres. del ganchillo (quedan 3 pres. en el ganchillo); rep. desde * 2 veces más, h. y sacarla por las 5 pres. del ganchillo, 1 cad. Rematar, dejando una hebra larga. Coser los bodoques sobre el cuadrado a espacios regulares.

## Cara con rayas superpuestas (hacer 3)

Con A, 11 cad.

**1.ª v.:** p.b. en la 2.ª cad. a partir del ganchillo y en cada cad. hasta el final, 1 cad., girar = 10 p.b.

**2.ª a 12.ª v.:** p.b. en cada p.b. hasta el final, 1 cad., girar. Rematar.

## Punto por encima

Insertar el ganchillo en el primer p. de la últ. v., h. con D desde detrás de la pieza y sacar 1 pres., insertar el ganchillo en el p. de la v. sig. de arriba, h. y sacar 1 pres. por la pieza y por la pres. del ganchillo. Seguir así hasta arriba de la pieza. Rematar.

Con C, rep. el proceso empezando en el 3.er p. de la últ. v.

Con B, rep. el proceso empezando en el 5.º p. de la últ. v.

Con D, rep. el proceso empezando en el 7.º p. de la últ. v.

Con C, rep. el proceso empezando en el 9.º p. de la últ. v.

## Acabado

Cada bloque se forma con 6 caras: 2 caras de rayas múltiples y 1 de cada para las otras 4 caras.

Con el color que se prefiera, unir las caras a p.b. para formar el bloque. Insertar la gomaespuma antes de cerrar el último lado. Entretejer los cabos.

# Perchas forradas

**Fácil** ✹ ✹ ✹ ✹ ✹

**Tamaño:**

Tamaño único

**Materiales:**

* Hilo de algodón semifino (**3**), 50 g (aprox. 125 m)
* Color A: 2 ovillos marfil, 240 m aprox.
* Color B: 1 ovillo rosa, 120 m aprox.
* Color C: 1 ovillo azul claro, 120 m aprox.
* 3 perchas acolchadas, de 25 cm de largo
* 1,5 m de cinta, de 0,5 cm de ancho, cortada en 3 tiras
* Aguja con ojo grande

**Ganchillo:**

Del n.º F-5 USA/3,5 mm o del tamaño adecuado para la muestra

**Muestra de orientación:**

17 p. y 13 v. = 10 cm a p.m.

16 p. y 12 v. = 10 cm con el motivo (p.b., p.a.) (para el forro rosa y marfil)

## Forro de rayas de colores

Con B, 47 cad.

**1.ª v.:** p.m. en la 2.ª cad. a partir del ganchillo y en cada cad. hasta el final, 1 cad., girar = 46 p.m.

**2.ª v.:** p.m. en cada p. hasta el final; cambiar a A en el últ. p., 1 cad., girar.

**3.ª y 4.ª v.:** con A, rep. 2 veces la 2.ª v.; cambiar a C en el últ. p. de la 4.ª v.

**5.ª y 6.ª v.:** con C, rep. 2 veces la 2.ª v.; cambiar a A en el últ. p. de la 6.ª v.

**7.ª v.:** con A, rep. la 2.ª v.

**8.ª v.:** p.m. en los 22 primeros p., 2 cad., saltar los 2 p. sig., p.m. en los p. restantes hasta el final; cambiar a B en el últ. p., 1 cad., girar = 44 p.m. y 1 espacio de 2 cad.

**9.ª v.:** con B, p.m. en los 22 primeros p., 2 p.m. en el espacio de 2 cad., p.m. en los p. restantes hasta el final, 1 cad., girar = 46 p.m.

**10.ª v.:** p.m. en cada p. hasta el final; cambiar a A en el últ. p., 1 cad., girar.

**11.ª a 14.ª v.:** rep. las v. 3.ª a 6.ª.

**15.ª y 16.ª v.:** rep. las v. 3.ª y 4.ª.

Rematar.

## Forro de rayas azul y marfil

Con C, 21 cad.

**1.ª v.:** p.m. en la 2.ª cad. a partir del ganchillo y en cada cad. hasta el final, 1 cad., girar = 20 p.m.

**2.ª a 4.ª v.:** p.m. en cada p. hasta el final; cambiar a A en el últ. p. de la 4.ª v., 1 cad., girar.

**5.ª a 8.ª v.:** con A, rep. 4 veces la 2.ª v.; cambiar a C en el últ. p. de la 8.ª v.

**9.ª a 12.ª v.:** con C, rep. 4 veces la 2.ª v., cambiar a A en el últ. p. de la 12.ª v.

**13.ª a 16.ª v.:** rep. las v. 5.ª a 8.ª.

**17.ª y 18.ª v.:** con C, rep. 2 veces la 2.ª v.; no cambiar de color.

**19.ª v.:** p.m. en los 9 primeros p., 2 cad., saltar los 2 p. sig., p.m. en cada p. restante hasta el final, 1 cad., girar = 18 p.m. y 1 espacio de 2 cad.

**20.ª v.:** p.m. en los 9 primeros p., 2 p.m. en el espacio de 2 cad., p.m. en cada p. restante hasta el final, 1 cad., girar = 20 p.m.

**21.ª v.:** p.m. en cada p. hasta el final; cambiar a A en el últ. p., 1 cad., girar.

**22.ª a 25.ª v.:** rep. las v. 5.ª a 8.ª.

**26.ª a 29.ª v.:** rep. las v. 6.ª a 12.ª.

**30.ª a 37.ª v.:** rep. las v. 22.ª a 29.ª.

Rematar.

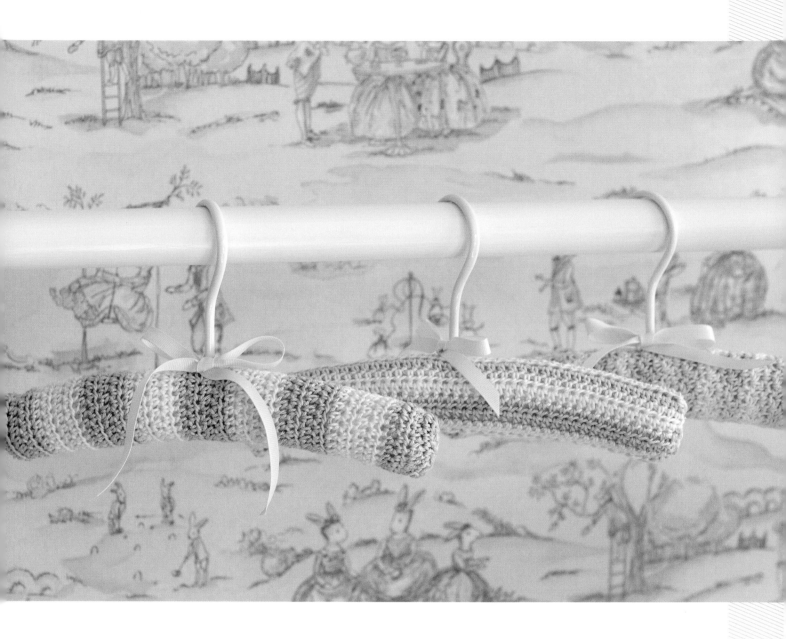

## Forro de rayas rosa y marfil

Con B, 19 cad.

**1.ª v.:** p.b. en la 2.ª cad. a partir del ganchillo, p.a. en la cad. sig., *p.b. en la cad. sig., p.a. en la cad. sig.; rep. desde * hasta el final, 1 cad., girar = 18 p.

**2.ª v.:** *p.b. en el p. sig., p.a. en el p. sig.; rep. desde * hasta el final, cambiar a A en el últ. p., 1 cad., girar.

**3.ª y 4.ª v.:** con A, rep. 2 veces la 2.ª v.; cambiar a B en el últ. p. de la 4.ª v.

**5.ª y 6.ª v.:** con B, rep. 2 veces la 2.ª v.; cambiar a A en el últ. p. de la 6.ª v.

**7.ª a 14.ª v.:** rep. 2 veces las v. 3.ª a 6.ª.

**15.ª y 16.ª v.:** rep. las v. 3.ª y 4.ª.

**17.ª v.:** con B, (p.b. en el p. sig., p.a. en el p. sig.) 4 veces, 2 cad., saltar los 2 p. sig., (p.b. en el p. sig., p.a. en el p. sig.) 4 veces, 1 cad., girar = 16 p. y 1 espacio de 2 cad.

**18.ª v.:** (p.b. en el p. sig., p.a. en el p. sig.) 4 veces, (p.b., p.a.) en el espacio de 2 cad., (p.b. en el p. sig., p.a. en el p. sig.) 4 veces, cambiar a A en el últ. p., 1 cad., girar = 18 p.

**20.ª a 24.ª v.:** rep. 4 veces las v. 3.ª a 6.ª.

Rematar.

## Acabado

Forrar la percha con la pieza, pasando el gancho por la abertura del centro. Coser los bordes laterales y de abajo. Entretejer los cabos. Anudar la cinta arriba de la percha.

# Para el baño

**Fácil**

**Tamaños:**

Tamaño único

**Medidas finales:**

19 x 19 cm

**Materiales:**

* Hilo de algodón de grosor mediano (4), 70 g (110 m aprox.)
* Color A: 1 ovillo marfil, 55 m aprox. (para cada paño)
* Color B: 1 ovillo de color contrastado (rosa, azul y verde), la cantidad varía
* Aguja con ojo grande

**Ganchillo:**

Del n.º I-9 USA/5,5 mm o del tamaño adecuado para la muestra

**Muestra de orientación:**

11 p. y 8 v. = 10 cm a p.a.

**Notas:**

Para cambiar de color, tejer el último punto con el color antiguo hasta echar la última hebra; echar la hebra con el nuevo color y sacarla por todas las presillas del ganchillo para completar el punto. No rematar el color antiguo. La hebra que no se utilice se pasa por el borde de la labor, sin estirar. Al tejer el borde se cubren las hebras pasadas.

Las 2 cad. de giro cuentan como primer punto de la vuelta siguiente. Hacer el punto (o los puntos) arriba de las 2 cad. de giro (el último p.a.) como se indica, al final de las vueltas.

## Pañito rosa y marfil

Con A, 22 cad.

**1.ª v.:** p.a. en la 3.ª cad. a partir del ganchillo (la cad. del ppio. no cuenta como p.) y en cada cad. hasta el final; cambiar a B, 1 cad., girar = 20 p.a.

**2.ª v.:** p.b. en cada p. hasta el final, 1 cad., girar.

**3.ª v.:** p.b. en cada p. hasta el final, cambiar a A en el últ. p., 2 cad. (cuentan como primer p.a. de la v. sig.), girar.

**4.ª v.:** p.a. en cada p. hasta el final, 2 cad., girar.

**5.ª v.:** p.a. en cada p. hasta el final, cambiar a B en el últ. p., 1 cad., girar.

**6.ª a 17.ª v.:** rep. las v. 2.ª a 5.ª otras 3 veces, no girar y no cambiar a B al final de la 17.ª v. Seguir solo con A.

**Borde:** p.b. a espacios regulares por el borde lateral. Rematar. Unir A con p.b. al ppio. del lado opuesto, p.b. a espacios regulares por el borde lateral. Rematar.

## Acabado

Entretejer los cabos.

## Pañito de varios colores

Con A, 21 cad.

**1.ª v.:** p.b. en la 2.ª cad. a partir del ganchillo y en cada cad. hasta el final, 2 cad. (cuentan como primer p.a. de la v. sig.), girar = 20 p.b.

**2.ª v.:** p.a. en cada p. hasta el final, 2 cad., girar.

**3.ª v.:** p.a. en cada p. hasta el final; cambiar a azul en el últ. p., 1 cad., girar.

**4..ª v.:** con azul, p.m. en cada p. hasta el final, 1 cad., girar.

**5.ª v.:** p.m. en cada p. hasta el final; cambiar a A en el últ. p., 2 cad., girar.

**6.ª v.:** con A, p.a. en cada p. hasta el final, 2 cad., girar.

**7.ª v.:** p.a. en cada p. hasta el final; cambiar a verde en el últ. p., 1 cad., girar.

**8.ª y 9.ª v.:** con verde, rep. las v. 4.ª y 5.ª; cambiar a A en el últ. p. de la 9.ª v.

**10.ª y 11.ª v.:** rep. las v. 6.ª y 7.ª; cambiar a rosa en el últ. p. de la 11.ª v.

**12.ª y 13.ª v.:** con rosa, rep. las v. 4.ª y 5.ª; cambiar a A en el últ. p. de la 13.ª v.

**14.ª y 15.ª v.:** rep. las v. 6.ª y 7.ª, no cambiar de color al final de la 15.ª v.

**16.ª v.:** con A, p.b. en cada p. hasta el final, 1 cad., no girar.

**Borde:** p.b. a espacios regulares por el borde lateral. Rematar. Unir A con p.b. al ppio. del borde del lado opuesto, p.b. a espacios regulares por el borde lateral. Rematar.

## Acabado

Entretejer los cabos.

## Pañito en diagonal

Con A, 5 cad.

**1.ª v.:** p.a. en la 3.ª cad. a partir del ganchillo (la cad. del ppio. no cuenta como p.), 2 p.a. en la cad. sig., p.a. en la últ. cad., 2 cad. (cuentan como primer p.a. de la v. sig., aquí y en toda la labor), girar = 4 p.a.

**2.ª v.:** 2 p.a. en el primer p. (se aumentan 2 p., contando las 2 cad. de giro), p.a. en los 2 p. sig., 3 p.a. en el últ. p. (se aumentan 2 p.), 2 cad., girar = 8 p.a.

**3.ª v.:** 2 p.a. en el primer p., p.a. en los 6 p. sig., 3 p.a. en el últ. p., 2 cad., girar = 12 p.a.

**4.ª a 10.ª v.:** p.a. en el primer p. (se aumenta 1 p. contando las 2 cad. de giro), p.a. en cada p. hasta el últ. p., 2 p.a. en el últ. p. (se aumenta 1 p.), 2 cad., girar = 26 p.a.

**11.ª a 17.ª v.:** saltar los 2 primeros p. (se mengua 1 p.), p.a. en cada p. hasta los 2 últ. p., 2 p.a.j. (se mengua 1 p.), 2 cad., girar = 12 p.a.

**18.ª v.:** saltar los 2 primeros p. (se mengua 1 p.), 2 p.a.j. (se mengua 1 p.), p.a. en los 4 p. sig., (2 p.a.j.) 2 veces (se menguan 2 p.), 2 cad., girar = 8 p.

**19.ª v.:** saltar los 2 primeros p., (2 p.a.j.) 2 veces, saltar el p. sig., p.a. en el últ. p., 2 cad., girar = 4 p.

**20.ª v.:** saltar el primer p., 3 p.a.j. = 2 p.

Rematar.

## Acabado

**Borde:** unir el azul con p.b. en cualquier p. del borde del pañito, p.b. a espacios regulares todo alrededor del borde, haciendo 2 p.b. en las esquinas; unir con p.r. al primer p.b. Rematar. Entretejer los cabos.

# Abreviaturas

| | |
|---|---|
| **aprox.** | Aproximadamente |
| **cad.** | Cadeneta(s) |
| **cm** | Centímetro(s) |
| **der.lab.** | Derecho de la labor |
| **g** | Gramo(s) |
| **m** | Metro(s) |
| **marc.** | Marcador de puntos |
| **mm** | Milímetros |
| **p.** | Punto(s) |
| **p.a.** | Punto alto |
| **p.a.d.** | Punto alto doble |
| **p.b.** | Punto bajo |
| **p.m.** | Punto medio |
| **p.r.** | Punto raso |
| **ppio.** | Principio |
| **rev.lab.** | Revés de la labor |
| **sig.** | Siguiente(s) |
| **últ.** | Último/a(s) |
| **v.** | Vuelta(s) |
| **2 p.a.j.** | Tejer 2 puntos altos juntos |
| **2 p.b.j.** | Tejer 2 puntos bajos juntos |

# Instrucciones generales

## Niveles de dificultad para tejer ganchillo

| | | |
|---|---|---|
| ✹✧✧✧ | Principiante | Proyectos para quienes se inicien en tejer ganchillo. Utilizan puntos básicos y un mínimo de aumentos/menguados. |
| ✹✹✧✧ | Fácil | Proyectos que utilizan puntos básicos, dibujos repetitivos, simples cambios de color y aumentos/menguados y acabados sencillos. |
| ✹✹✹✧ | Intermedio | Proyectos que utilizan una variedad de técnicas, como dibujos con calados, cambios de color, formas y acabados de dificultad media. |
| ✹✹✹✹ | Experto | Proyectos con motivos, técnicas y dimensiones complejos, como dibujos no repetitivos, técnicas de colores múltiples, hilos finos, ganchillos finos, formas detalladas y acabados refinados. |

| Símbolo y grosor de la categoría del hilo | 0 Encaje | 1 Extrafino | 2 Fino | 3 Semifino | 4 Mediano | 5 Grueso | 6 Extragrueso |
|---|---|---|---|---|---|---|---|
| Tipos de hilo de esa categoría | Fingering, para ganchillo | Sock, Fingering, Baby | Sport, Baby | DK, Light Worsted | Worsted, Afghan, Aran | Chunky, Craft, para alfombra | Bulky, Roving |
| Muestra de orientación (10 cm a punto bajo) | 32-42 p. a p. alto | 21-32 p. | 16-20 p. | 12-17 p. | 11-14 p. | 8-11 p. | 5-9 p. |
| Ganchillo recomendado en mm | Acero 1,6-1,4 mm | 2,25-3,5 mm | 3,5-4,5 mm | 4,5-5,5 mm | 5-5-6 mm | 6,5-9 mm | 9 mm y más |
| N.º USA de ganchillo recomendado | Acero 6, 7, 8 ganchillo B-1 | B-1 a E-4 | E-4 a 7 | 7 a I-9 | I-9 a K-10½ | K-10½ a M-13 | M-13 y más |

# Hilos utilizados

**P. 10: PULÓVER BLANCO CON VERDE**
Patons Canadiana: 100 g, 187 m, Blanco n.º 10005
y Cherished Green n.º 10230

**P. 14: PULÓVER BLANCO Y GRIS**
Lion Brand Wool-Ease: 85 g, 180 m, Grey Heather n.º 151
y Fisherman n.º 99

**P. 18: PULÓVER CON FLORES**
Lion Brand Wool- Ease: 85 g, 180 m, Fisherman n.º 99,
Raspberry n.º 166 y Blossom n.º 165

**P. 24: CÁRDIGAN BLANCO RIBETEADO EN AZUL**
Lion Brand Vanna's Choice: 100 g, 156 m, Blanco n.º 100
y Silver Blue n.º 105

**P. 28: CÁRDIGAN DE RAYAS**
Patons Canadiana: 100 g, 187 m, Blanco n.º 10005
y Cherished Green n.º 10230

**P. 32: CÁRDIGAN ROSA**
Lion Brand Wool-Ease: 85 g, 180 m, Blossom n.º 165
y Fisherman n.º 99

**P. 38: CHALECO BLANCO Y ROSA**
Patons Canadiana: 100 g, 187 m, Blanco n.º 10005
y Cherished Pink n.º 10420

**P. 42: CHALECO BLANCO CON AZUL**
Lion Brand Vanna's Choice: 100 g, 156 m, Blanco n.º 100
y Silver Blue n.º 105

**P. 48: MANTA DE RAYAS ROSAS**
Lion Brand Vanna's Choice: 100 g, 156 m, Blanco n.º 100
y Dusty Rose n.º 140

**P. 50: MANTA BLANCA Y AZUL**
Lion Brand Vanna's Choice: 100 g, 156 m, Blanco n.º 100
y Silver Blue n.º 105

**P. 52: MANTA BLANCA Y VERDE**
Patons Canadiana: 100 g, 187 m, Blanco n.º 10005
y Cherished Green n.º 10230

**P. 56: GORRO DE RAYAS AZUL Y BLANCO**
Lion Brand Vanna's Choice: 100 g, 156 m, Blanco n.º 100
y Silver Blue n.º 105

**P. 58: GORRO CON OREJERAS**
Lion Brand Wool-Ease: 85 g, 180 m, Blossom n.º 165
y Fisherman n.º 99

**P. 62: PATUCOS AZULES Y BLANCOS**
Patons Canadiana: 100 g, 187 m, Blanco n.º 10005
y Pale Water Blue n.º 10143

**P. 64: PATUCOS ROSAS Y BLANCOS**
Patons Canadiana: 100 g, 187 m, Blanco n.º 10005
y Cherished Pink n.º 10420

**P. 66: PATUCOS BLANCOS Y VERDES**
Patons Canadiana: 100 g, 187 m, Blanco n.º 10005
y Cherished Green n.º 10230

**P. 70: MANOPLAS BLANCAS Y VERDES**
Patons Canadiana: 100 g, 187 m, Blanco n.º 10005
y Cherished Green n.º 10230

**P. 72: MANOPLAS BLANCAS Y AZULES**
Lion Brand Vanna's Choice: 100 g, 156 m, Blanco n.º 100
y Silver Blue n.º 105

**P. 74: MITONES**
Lion Brand Vanna's Choice: 100 g, 156 m, Blanco n.º 100
y Dusty Rose n.º 140

**P. 78: BABERO DE RAYAS AZUL Y BLANCO**
Patons Grace: 50 g, 125 m, Natural n.º 130, Sky n.º 130
y Ginger n.º 027

**P. 80: BABERO ROSA**
Patons Grace: 50 g, 125 m, Natural n.º 130 y Blush n.º 416

**P. 82: BLOQUES**
Lion Brand Wool-Ease: 85 g, 180 m, Fisherman n.º 99,
Blossom n.º 165 y Raspberry n.º 166
Lion Brand Vanna's Choice Baby: 100 g, 156 m, Sweet Pea n.º 169
Lion Brand Vanna's Choice: 100 g, 156 m, Silver Blue n.º 105

**P. 86: PERCHAS FORRADAS**
Patons Grace: 50 g, 125 m, Natural n.º 130, Sky n.º 130
y Blush n.º 416

**P. 88: PARA EL BAÑO**
Lily Sugar & Cream: 70 g, 90 m, Ecru n.º 4, Light Blue n.º 26,
Tea Rose n.º 42 y Country Green n.º 1222

# Agradecimientos

Trabajar en este libro ha sido una auténtica alegría y un reto enorme, pero a veces hay que salir de lo cómodo y emprender un proyecto nuevo. Por primera vez no solo he diseñado todas las labores, sino que también he hecho el libro. Es decir, he sido capaz de encargarme del esquema general, de la fotografía, del estilismo y de todo, de principio a fin. Para mí ha sido un aprendizaje, pero debo reconocer que me siento muy orgullosa del resultado final.

Como siempre, debo dar las gracias a mucha gente que me ha ayudado a realizar este proyecto. En primer lugar, estoy enormemente agradecida a mi editora/estilista y jefa de filas de los bebés, Heather Vantress. Tiene un ojo fantástico para los detalles y ha organizado el libro con su brillante estilismo. También a Silvana Di Franco, mi increíble fotógrafa, que consiguió fotos estupendas con bebés traviesos. Mi profunda gratitud a Rita Sowins, extraordinaria diseñadora de libros, por su bello diseño y montaje y por guiarme en todo este proceso.

Gracias a KJ Hay por su edición técnica y por su apoyo. A Bonnie Reardon por sus expertas explicaciones de las labores de ganchillo y de los modelos: no podía haberlo hecho sin ti. A mis tejedoras de muestras Amy Goldstein y Toral Kale, por su gran labor y disposición, y a Pam Marshall y su fantástica mercería Balls and Skeins en Sebastopol, California.

A las maravillosas mamás y sus bebés: Michele Van Nuys y Evan, Chloe Caviness y Gianna, Amber Distasi y Scarlett, Gloria Ehyai y Zoe y a Amy Pierce y Trevor. Siempre estaré en deuda con vosotras por tener unos hijos tan preciosos.

A mi marido, que me hace reír, sobre todo cuando se me saltan las lágrimas de agotamiento, y a todos mis amigos, que soportaron mis cambios de última hora porque "estoy terminando un proyecto". ¿Qué haría yo sin vosotros? Y por último, y no menos importante, a Susan Sullivan y a todo el equipo de Leisure Arts por creer en mí y ofrecerme la oportunidad de hacer este libro.

# OTROS TÍTULOS PUBLICADOS

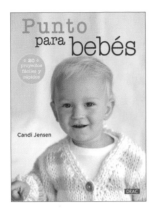

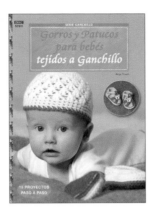

Más información sobre estos y otros títulos en nuestra página web:
**www.editorialeldrac.com**